Jean Gebser

EINBRUCH DER ZEIT

Jean Gebser

Einbruch der Zeit

herausgegeben von
Rudolf Hämmerli

Novalis

Zum Buch:

»Ich habe keine Zeit« – dieser millionenfache Ausspruch des heutigen Menschen ist symptomatisch. Die »Zeit« ist, wenn auch vorerst noch in negativer Form, seine größte Präokkupation. Der es sagt, glaubt, er spräche von der Uhrenzeit. Wie würde er erschrecken, realisierte er, daß er in dem gleichen Augenblicke auch sagt: »Ich habe keine Seele« und »Ich habe kein Leben!« Dem perspektivischen Menschen war die Zeit noch kein Problem. Erst der zum aperspektivischen Bewußtsein erwachende oder dahin mutierende Mensch unserer Tage stellt stündlich dieses Manko, daß er keine Zeit habe, fest, das ihn fast zur Verzweiflung treibt.

Jean Gebser (1905-1973)

Umschlag: Atelier Typografik Schaffhausen, Ulrika Hampl
Gesamtherstellung: Freiburger Graphische Betriebe
ISBN 3-7214-0662-1

Inhaltsverzeichnis

Vorwort

Gebsers Hauptwerk »Ursprung und Gegenwart« (1949-1953) umfaßt drei Bände und ist mit der Fülle an Material, mit der Vielzahl von Hinweisen und Anregungen eine große Herausforderung an die Leser. Der vorliegende Auswahlband soll den Zugang zu Gebsers Werk erleichtern und zudem einen Einblick ermöglichen in die Spannweite von Gebsers Beitrag zur Erforschung des menschlichen Bewußtseins. Für die Auswahl der Texte ließ ich mich von dem leiten, was für mich selber zum Zentralsten und Lebendigsten in Gebsers Schriften gehört.

Es sind vor allem *vier Einsichten* Gebsers, die auf mich, seit ich sein Werk vor über zwanzig Jahren kennengelernt habe, befreiend und bereichernd gewirkt haben und es auch heute immer noch tun:

1. Gebsers Einsicht, daß Bewußtsein nicht mit rationalem Denken identisch ist und nicht damit verwechselt werden darf; daß das Bewußtsein viel weiter und umfassender ist als das mental-rationale Denken, mit dem sich unsere Epoche noch immer einseitig identifiziert.

2. Gebsers Erkenntnis, daß Bewußtsein entwicklungsfähig ist; daß sowohl im individuellen Leben als auch kollektiv in der Kulturgeschichte der Menschheit eine Entwicklung stattfindet, die dem Menschen die Möglichkeit gibt, immer wieder grundlegend neue Möglichkeiten des Bewußtseins zu entdecken und zu entfalten. Gebser versteht deshalb unsere Epoche als eine Übergangsepoche, in der wir die Chance und auch die Aufgabe haben, über das logisch-begriffliche Denken hinauszukommen und eine neue Dimension des Bewußtsein zu entdecken, welche Gebser das integrale oder aperspektivische Bewußtsein nennt.

3. Gebsers Erkenntnis, daß dem Phänomen der Zeit in dieser Übergangsepoche eine Schlüsselfunktion zukommt. Der *Einbruch der Zeit* in unser Bewußtsein ist heute überall deutlich zu erkennen: in der Wissenschaft (z.B. Zeit als vierte Dimension in der Physik – Zeit als Mutation, als Entwicklungssprung in der Biologie – und in der Psychologie: Zeit als latente Vergangenheit im Unbewußten),

in der Kunst (z.B. in der aperspektivischen Malerei, welche die räumlich-dreidimensionale Darstellungsform hinter sich läßt – in modernen Erzähl- und Theaterformen, in denen das geordnete Nacheinander der Zeit aufgelöst wird) und im Alltag (und sei es auch nur in der symptomatischen und bedrängenden Erfahrung: »Ich habe keine Zeit«). Für die zentrale Bedeutung des Zeitthemas auch für die philosophische Diskussion unserer Gegenwart seien zwei Sätze zitiert aus der Einleitung zum Sammelband »Klassiker der modernen Zeitphilosophie«, der 1993 in der Wissenschaftlichen Buchgesellschaft erschienen ist: »Es gibt derzeit wohl kaum einen einschlägigen Verlag, der nicht wenigstens ein, im Regelfall aber gleich mehrere neue Bücher zum Thema im Programm hat, und es gibt kein Feuilleton oder Kulturmagazin in Rundfunk und Fernsehen, das nicht ein Feature oder eine Sendereihe zum Thema ›Zeit‹ produziert. Diese neue Konjunktur zeichnet sich etwa seit Mitte der achtziger Jahre ab.« Gebser hat auf die zunehmende Bedeutung des Zeitthemas bereits in den fünfziger Jahren hingewiesen.

4. Schließlich Gebsers Einsicht, daß im integralen Bewußtsein der Mensch sich seines geistig-göttlichen Ursprungs neu bewußt werden kann, daß eine nüchterne, klare Religiosität oder Spiritualität jenseits von magischer Trance, mythischem Bild, mentalem Begriff gefunden werden kann. Gebser spricht in diesem Zusammenhang vom Durchscheinenden, von der Transparenz des Göttlichen.

Stellen wir uns für einen Augenblick unser Bewußtsein als Theaterbühne vor! Der Bühnenraum würde dabei dem Bewußtseinsraum, das Stück, das gespielt würde, dem Bewußtseinsinhalt oder Bewußtseinsstrom entsprechen. Wenn wir der Bewußtseinsphilosophie Gebsers folgen, wird nun nicht bloß eine Stück aufgeführt und auch nicht bloß auf nur einer Bühne gespielt. Nach seinem Verständnis unseres Bewußtseins müßte man sich in diesem Modell mehrere, vielleicht übereinander gelagerte Bühnen vorstellen, auf denen ganz verschiedene Stücke gleichzeitig gespielt würden, die allerdings zudem noch sich gegenseitig dauernd beeinflussen und in ihrer Handlung bestimmen würden. Die Frage nach der Instanz, die bei diesem »Stück« Regie führt, könnte auch nicht mehr mit der allzu einfachen Antwort: »Ich!« beantwortet werden. »Wir selber sind, was das Bewußtsein anbetrifft, auf eine sehr merkwürdige, sehr hintergründige und von uns meistens verdrängte und verratene Art, wenn wir sehr genau hinschauen, mehrfach strukturiert.« (Gebser vgl. S. 14) Daß es nur eine Bewußtseinsbühne gibt, ist das verständliche Mißverständnis einer Kultur, welche die Welt der Verstandeshelligkeit gegen die hereinbrechenden Kräfte des Irrationalen durch Wälle und Mauern des Verdrängens schützen muß. Die prärationalen Formen des Bewußtseins sind aber in uns wirksam auch dann, wenn wir uns einseitig mit dem Intellekt identifizieren und alle anderen Bewußtseinformen als vorwissenschaftlich ablehnen, verdrängen und uns ihrer fast ein wenig schämen. Doch wir erkennen nicht nur mit dem Kopf. Erkenntnis entsteht auch durch physisch-vitales Erleben, durch psychisch-gefühlsmäßiges Erfahren der Welt. Magie, Mythos und Logos sind Bewußtseinkräfte, welche die Menschheit im langen Prozeß der kulturellen Entwicklung sich erworben hat, und ihnen entsprechen auch die verschiedenen Entwicklungsphasen, die der einzelne Mensch im Lauf seiner individuellen Lebensgeschichte wieder neu durchlaufen muß. Diese verschiedenen Bewußtseinsstrukturen sind historisch in einem Nacheinander entstanden. So ist z. B. der Übergang vom Mythos zum Logos beim Entstehen der abendländischen Philosophie und Wissenschaft im antiken Griechenland geistesgeschichtlich deutlich zu erkennen. Aber nicht das Nacheinander ist heute das Entscheidende, sondern die Möglichkeit der Gleichzeitigkeit: daß Magie, Mythos und Logos ganz verschiedenartige Bewußtseinswelten sind, die wirksam und bewußt in unser Leben einbezogen werden können. Die magische Welt, die etwas weiß vom Wechselspiel der Kräfte im Wurzelgrund unserer kollektiv-vitalen Verbundenheit mit unserer Umwelt, ist so wahr und wirklich wie die mythische Welt, die etwas weiß von der Gestaltungs- und Wandlungskraft des Sinn-Bilds, des Symbols. Und diese Welt wiederum ist so wahr und wirklich wie die mentale Welt, die etwas weiß von der befreienden Widerstandskraft und Klarheit des Begriffs. Diese verschiedenen Welten haben ihre gleichberechtigte Wahrheit. Die verschiedenen Bewußtseinsstrukturen in ihrer Eigengesetzlichkeit erforscht und beschrieben zu haben, ist das große Verdienst Gebsers.

Doch es geht Gebser um mehr. Sein Hauptanliegen ist, wie bereits angedeutet, der Hinweis darauf, daß unsere Zeit eine Übergangszeit ist, ähnlich der Zeit, als die griechische Philosophie sich vom Mythos loslöste und die Grundlage für die abendländische Entwicklung von Wissenschaft und begrifflichem Denken legte. Gebser sieht unsere Epoche als eine Zeit, in der nun das rationale Bewußtsein – wie damals der Mythos – in seiner ausschließlichen Gültigkeit relativiert wird, um neuen Bewußtseinsmöglichkeiten, die latent schon immer in uns geschlummert und vereinzelt sich auch schon manifestiert haben, Raum zu geben. Gebser sieht ein neues Bewußtsein im Entstehen, das er das integrale oder auch das aperspektivische Bewußtsein nennt. Magie ist noch an Macht und einheitsstiftende Trance gebunden, mythisches Bewußtsein noch ans Bild mit der dauernden Gefahr, das Bild wörtlich zu nehmen, das Sinnbild aufs Götzenbild zu reduzieren. Das mentale Bewußtsein ist noch vom dualistischen Begriff abhängig und unterliegt noch dem Systemzwang und dem Bedürfnis, alles kausal erklären zu müssen. Gibt es Erkenntnis jenseits von Trance, Bild und Begriff? Gibt es eine Erkenntnisform, die über Magie, Mythos und Logos hinausführt? Gebser nennt diese neue, integrale Erkenntnisform: Wahrnehmen. In seinem Wintergedicht heißt es: »Alles ist unterschiedlich wahr, und doch gibt es das Wahre, das manchmal nehmbar ist, wenn es sich gibt.« Was ist »wahrnehmen«? Im Unterschied zum Zugriff des begrifflichen Begreifens ist es ein mit Aufmerksamkeit Verweilen. Das Wahrnehmen im Sinne Gebsers bezieht deshalb auch die Zeit in unser Bewußtsein ein und folgt dem Prozeßcharakter der Welt so rückhaltlos wie möglich, verweilt aufmerksam beim sich wandelnden Geschehen von Moment zu Moment.

Dem aperspektivischen Bewußtsein wird die Zeit als Qualität bewußt. Zeit ist nicht mehr nur Zeit-Raum, wie ein unmöbliertes Zimmer, das ich rational planend nach meinem Geschmack einrichten und quantitativ »füllen« kann. Zeit ist ein Beziehungsfeld, ein Kraftfeld, an dem ich teilhabe. Teilhabe ist ein zentraler Begriff bei Gebser, und er macht darauf aufmerksam, daß in der französischen, englischen und lateinischen Sprache das Wort für Bewußtsein dem Wortsinn nach Mit-wissen bedeutet. In der aperspektivischen Welt ist Leben Teilhabe am Ganzen und Bewußtsein ein Mitwissen. Damit wird auch die anthropozentrische Mentalität des mental-rationalen Bewußtseins aufgegeben. Hier ist nun wichtig zu sehen, daß mit dieser neuen Lebenshaltung nicht einfach der Ausstieg aus der zweckbetonten rationalen Leistungsgesellschaft gemeint ist. Dieser Ausstieg kann durchaus regressive Formen annehmen. Der Slogan: »Entspannt im Hier und Jetzt« kann eine Einladung und Aufforderung zu praerationalem Verhalten sein. Statt daß das Bewußtsein intensiviert wird, wird es getrübt, die Folge ist Ichverlust oder wenigstens Ichschwächung und damit Schwächung der Instanz in uns, die Verantwortung übernehmen kann. Gebser unterscheidet immer sehr klar zwischen irrational und arational. Oft werden alte Formen des Bewußtseins, die in neuem oder eher neuartigem Gewand auftreten, mit neuen Möglichkeiten und zukünftigen Formen des Bewußtseins verwechselt. Ken Wilber, der Gebser auf geniale Weise in sein Werk integriert hat (vgl. Ken Wilber: »Halbzeit der Evolution«), nennt dieses Phänomen die Prä-Trans-Verwechslung. Antiintellektualismus ist nicht mit einer arationalen Haltung zu verwechseln. Der Bauch darf nicht gegen den Kopf ausgespielt werden. Emotionen sind nicht wahrer als Gedanken, wie es Formen der humanistischen Psychologie gemeint haben. Vitalität und Intellektualität, Bauch und Kopf sind sich in einem Punkt auch zu ähnlich: beide sind sehr gefräßig. Unsere emotional-vitale Welt schreit immer nach Nahrung, und unser Denken will auch dauernd beschäftigt sein. Die aperspektivische Haltung dem Leben gegenüber spielt die verschiedenen Bewußtseinsmöglichkeiten nicht gegeneinander aus, sondern versucht sie einzubeziehen und zu integrieren. So ist Zeitplanung, die Ausrichtung des Tages auf bestimmte Zwecke, nicht einfach falsch. In einem beschränkten Bereich ist die mentale Zeitform durchaus am Platz. Leben als Teilhabe ist kein Rückfall in prärationale Zeitlosigkeit, sondern im Unterschied dazu eine neue Einstellung der Zeit gegenüber, die Gebser Zeitfreiheit nennt.

Im ersten Teil dieses Auswahlbandes werden Texte Gebsers zum Thema der Bewußtseinsgeschichte zusammengefaßt. Im zweiten, umfassenderen Teil folgen Texte, in denen Gebser auf das Zeitthema, das Schlüsselthema unserer Epoche, eingeht. Der Band wird abgerundet durch eine Auswahl aus seinen Gedichten. Das hat seinen Grund: Das erste, was Gebser in seinem Leben veröffentlicht, sind Gedichte – eigene und Übersetzungen zeitgenössischer spanischer Lyrik. Das erstes Buch, das Gebser schreibt, hat einen Dichter zum Thema und heißt »Rilke und Spanien«. Dem Dichterischen bleibt Gebser ein Leben lang verbunden, und er ist auch in seinem philosophischen Werk immer ein Dichter geblieben, ein Mensch also, dem das Wort von besonderer Bedeutung ist und der dem, was unausgesprochen und unaussprechbar bleibt, besondere Beachtung schenkt. »Geschichtsschreiber des Unsichtbaren« hat Gebser die Dichter genannt. Als Geschichtsschreiber des menschlichen Bewußtseins ist er genau in diesem Sinne ein Dichter, weil er es unternommen hat, die verborgene, nicht an der Oberfläche sichtbare Tiefenstruktur der menschlichen Bewußtseinsentwicklung nachzuzeichnen.

Ich wünsche diesem Band viele Leserinnen und Leser, die in den Texten Gebsers Kraft und Einsicht finden für die eigene Transformation des Bewußtsein. Für das vertieftere Studium von Gebsers Schriften sei auf die Gesamtausgabe verwiesen, die ebenfalls im Novalis Verlag erschienen ist.

Rudolf Hämmerli

Erster Teil
Das Spektrum des Bewußtseins

1. Menschenbild und Lebensgestaltung

Jeder von uns glaubt zu Recht, irgend ein Bild vom Menschen zu haben. Was ist der Mensch? Es hat wohl noch keinen Menschen gegeben, der diese Frage beantworten konnte. Aber immerhin: der Mensch ist mehr, erstens einmal, als wir alle glauben oder sehen, zweitens ist er vielschichtiger, als wir gemeinhin annehmen. Diese Unterschätzung resultiert aus dem einseitigen Gebrauch unseres einseitigen mental-rationalen Denkens, mit dem wir glauben, wir könnten ausschließlich dank seiner das Leben meistern und gestalten. Wir müssen in unsere Vergangenheit schauen, um den Reichtum eines umfassenderen Menschenbildes oder des Menschen zu skizzieren.

Der sogenannte Primitive wird wahrscheinlich kein Bild vom Menschen haben, denn er verfügt noch nicht über ein Bewußtsein, das auf sich selbst reflektiert. Dieses ichhafte Selbstbewußtsein aber spielt in diesem ganzen Fragenkomplex, jedenfalls für den westlichen Menschen, die ausschlaggebende Rolle. Wir selber sind, was das Bewußtsein anbetrifft, auf eine sehr merkwürdige, sehr hintergründige und von uns meistens verdrängte und verratene Art, wenn wir sehr genau hinschauen , mehrfach strukturiert. Ich möchte hier nicht schematisieren, aber man muß leider sehr klare Grenzen ziehen, die als solche im Lebendigen nicht vorhanden sind, wo alles leise ineinander übergeht. Diese Typisierung ist also nicht als ein brutaler Akt der Lebensvergewaltigung anzusehen.

Die Strukturierung, der wir eigentlich unsere Lebens- und unsere Reaktionsfähigkeit verdanken, ist zumindest dreifacher, wenn nicht vierfacher Art.

Wir haben das, was man ein archaisches Bewußtsein, ein Ursprungsbewußtsein nennen könnte, das den meisten eigentlich nicht mehr bewußt ist; wir haben ein magisches, das mehr im Vitalbereich gründet; wir haben ein mythisches, das mehr psychisch begründet ist; wir haben ein mentales, rationales, das mehr im Denken beheimatet ist, und es kommt vielleicht noch ein fünftes hinzu: es bahnt sich ein neues, das ich als integrales beschrieben habe, an.

Archaisches Bewußtsein, das heißt jene ursprünglichste »Schicht« in uns (ich setze es in Anführungszeichen, denn es sind ja keine Schichten, es sind Strukturen, die ineinander spielen, und deren Zusammenspiel unser Leben, auch unseren Mut zum Leben und unsere Bewahrung durch das Leben ermöglichen), über diese archaische Struktur läßt sich eigentlich kaum etwas aussagen. Vielleicht ist es, um im Gleichnis zu sprechen, der Paradieszustand, da der Mensch selbst noch ganz und gar eingeschlossen und undifferenziert und ungeschieden vom Kosmos, vom All, von Gott, oder wie immer man es auch benennen mag, lebt. Dieses Konzept oder diese Möglichkeit ist keine Spekulation. Ich erinnere an ein apokryphes Wort Christi, es steht bei Origenes. Dort sagt Christus zu seinen Jüngern: »Ich habe Euch auserwählt, bevor die Erde entstand« –, ich glaube, es ist ein Wort, über das man viele Tage nachdenken kann und zugleich ein Hinweis auf jene archaische, urtümlich-ursprunghafte Konstellation, in der bereits auch schon etwas wie Bewußtsein herrschte. Wir haben uns, aus unserer mental-rationalen Einstellung heraus, die sich ja immer der Schwarzweißmalerei und der dualistischen Betrachtungsweise verpflichtet fühlt, leider daran gewöhnt, Leben in unorganisches und organisches aufzuspalten, so als hätten beispielsweise der Stein, die Blume oder das Tier nicht auch ihre Form von Bewußtsein. Heute wissen wir dank der Forschungen der Biologie, vor allem der Quantenbiologie, daß diese Schwarzweißmalerei von organisch/unorganisch bzw. lebendiger/toter Materie falsch ist. Dieser Dualismus ist genauso töricht gewesen wie der Dualismus zu meinen, es gäbe einerseits nicht-bewußte – ich sage nicht: unbewußte – Wesen oder Erscheinungen und andererseits den vollbewußten Europäer als Schöpfungskrone, der natürlich alles zu seiner Verfügung hat. Ich spreche deshalb also vom Bewußtsein auch der archaischen Struktur. Einen anderen Hinweis auf diese archaische Bewußtseinsstruktur findet sich in dem taoistischen Werk des Dschuang Dsi, welches uns uralte chinesische Weisheit überliefert. Es ist »Das wahre Buch vom südlichen Blütenland« (Diederichs, Jena, 1940), das der große Sinologe Richard Wilhelm übersetzt hat. Dort heißt es an einer Stelle (siehe Seite 12 und 226): »Die wahrhaften Menschen der früheren Zeiten (die berufenen Heiligen) schliefen traumlos.« Erstens ist es symptomatisch, daß jener chinesische Weise, der um 350 v. Chr. lebte, das einsichtige Wissen hatte, von seinen Vorfahren, die doch, wie wir meinen würden, reichlich »primitiv« waren als von »berufenen Heiligen« und »wahrhaften Menschen« zu sprechen. Und das andere: Er bekundet, daß sie keine Träume hatten. Damit ist gesagt, daß das reflektierende Bewußtsein, das Spiegelbewußtsein, noch nicht erwacht ist, daß sie noch absolut mit dem All, dem Kosmos und allem verbunden waren. Träume sind schon Spiegelungen, und Spiegelungen sind nur dort, wo eine Trennung erfolgte, so daß ein Gegenüber da ist oder doch etwas, was sich spiegelt. Wenn ich aber im Ganzen bin – was soll sich spiegeln, da sie mit dem Ganzen eine Identität bildeten. Wie stark diese Identität war, geht noch aus einer anderen Äußerung hervor – ich kenne nur diese zwei Quellen, die einen Hinweis auf die archaische Struktur geben. Diese zweite chinesische Äußerung besagt, daß die Menschen der Vorzeit den Unterschied zwischen Grün und Blau nicht kannten. Zu meinen, es gäbe dafür rationalistische Erklärungen, beispielsweise Farbenblindheit, dürfte hinfällig sein; gelten dürfte, daß ein solches Nichtunterscheiden zwischen dem Blau des Himmels und dem Grün der Erde ein Hinweis darauf ist, daß Himmel und Erde für diese Menschen oder für das Bewußtsein dieser Menschen noch nicht geschieden waren.

Wenden wir uns nun der magischen Bewußtseinsstruktur zu.

Im Verlaufe der Menschheitsgeschichte erfolgte einige Male das, was ich als Bewußtseinsmutation beschrieben habe, nämlich ein ganz plötzliches In-Erscheinung-treten neuer Fähigkeiten, die, um sich darstellen zu können, durch das Bewußtsein gehen müssen. Das Bild, das wir uns von der Welt oder vom Menschen machen, hängt von der Form und der Art unseres Bewußtseins ab. Damals, ganz früh, es kann um die Zeit von Atlantis gewesen sein, es kann auch bereits in der Voreiszeit gewesen sein – es ist da schwierig, irgendwelche genauen Datierungen zu geben –, brach zum ersten Mal diese Identität des Archaischen in sich zusammen, oder vielmehr es sonderte sich etwas aus: der Mensch bekam oder erhielt einen eigenen Stand innerhalb des Ganzen, der Identität. Er fing an, in einer gewiß noch sehr schlafhaften Weise, der Welt gegenüberzustehen. Der magische Mensch bildet nicht mehr eine

Identität, aber er bildet noch eine Einheit, eine Unität, mit allem, was ihn umgibt. Seine Art Bewußtsein ist schlafhaft, so wie auch wir Bewußtsein haben, wenn wir schlafen; doch es ist noch nicht, was sehr wichtig ist, Traum. Es ist jene Sphäre des Lebens, die, so wir es vegetativ sehen wollen, der Wurzelbereich des Lebens ist. Wenn wir beispielsweise die Wurzel einer Pflanze aus dem Boden reißen und sie betrachten, dann wissen wir nicht genau, wo die Wurzel aufhört und wo die Reste von Erde anfangen, die an der Wurzel hängen. Wenn wir uns das einmal ganz genau ansehen, dann sehen wir, daß dieser Unterschied absolut fließend ist. In diesem Wurzeldunkel, in diesem gewissermaßen unterirdischen, schlafhaften, dunklen, mütterlichen Bereich, da spielt sich das ab, was das magische Leben als solches ist. Dort gibt es noch das, was wir heute aus einer gewissen Pervertiertheit des rationalen Denkens heraus lächerlich als Zufall beschreiben. Im magischen Bereich sind die Dinge immer alle gleichzeitig vorhanden und gegeben, sie fallen dem Menschen wirklich zu, und vor allen Dingen: er versucht erstmals, sich als Mensch der Natur gegenüberzustellen, dieser Natur, in die er noch ganz eingebettet ist. Das äußert sich in magischen Jagdritualen, das äußert sich später in einer defizienten, also negativen Weise in dem Zaubern – darauf kommen wir vielleicht nachher noch mit Bezug auf unsere heutige Zeit zu sprechen. Der magische Mensch kann etwas nicht, was uns selbstverständlich ist, er kann nicht auf unsere Weise denken, folgern, kausal Beziehungen herstellen. Wir wissen aus Berichten der Völkerkundler, die die sogenannten primitiven Stämme beobachtet haben, daß der Kausalkonnex, den wir manchmal allzu leichtfertig herstellen, für sie überhaupt noch gar keinen Vorstellungswert hat, da sie diesen noch nicht kennen. Wenn man eine Vorstellung von etwas hat, so bedeutet das, daß das, was ich mir vorstelle, mir gegenüber sein muß, denn sonst kann ich es mir nicht vorstellen oder vor mich hinstellen. Dieser Mangel an exaktem kausalem Denken ist sehr symptomatisch für die Reaktionsweisen des magischen Menschen oder überhaupt der magischen Komponente in uns, denn was wir kausal untersuchen, das ist für ihn nicht eine Folge, sondern eine Unität, eine Gleichzeitigkeit: alles wirkt auf alles, es ist das »pars pro toto«, aber ein »totum pro parte«; letztlich ist alles auswechselbar. Ich gebe zu, wenn wir jetzt zurückblicken und uns weder das soeben Ausgeführte längere Zeit klargemacht haben, noch durch eigene Erfahrungen, deren wir uns allmählich erinnern, eine Beziehung zu dieser Welt wiederherstellten, ist diese Welt, so wie ich sie schilderte, nicht nur irrational, sondern prärational, und sie ist, was noch unangenehmer ist, fast etwas unheimlich. Wir sträuben uns mit unserem Verstande dagegen, diese Dinge zu akzeptieren, weil wir nicht mehr um sie wissen, oder weil wir eigentlich Angst vor ihnen haben. Das ist alles dunkel, ist nicht ganz erklärbar, und deshalb verdrängen wir es, nicht im psychologischen, psychotherapeutischen Sinne, sondern indem wir einfach nicht daran denken, weil wir es tabuierten. Damit berauben wir uns der Kenntnis unserer Wurzeln, der Kenntnis jener Lebensvorgänge und Reaktionen, die uns durch den ganzen Tag hindurch begleiten. Denn ich glaube, niemand ist so vernunfthybrid, daß er meint, er gestalte sein Leben nur durch die Aktionen seines kausalen Denkens und seines Verstandes. Wenn man sich einmal einen Tagesablauf vergegenwärtigt und sich dann fragt, was ist denn heute geschehen?: Ich habe das und das gewollt, ich habe das und das gemacht, und dann ist auch das gekommen, und dann ist plötzlich alles ganz anders gegangen, aber es war eigentlich ganz gut, es war Zufall … Dies ist ein ganz allgemeines Beispiel – aber: es war ein Zufall, doch ist es ja ganz gut gegangen. Was steckt denn dahinter? Jene tiefste Gefügtheit des Lebens, die eben doch noch die Kraft hat, unsere Reaktionen zu richten oder zu lenken, so daß wir dieser Gefügtheit nicht entgehen können. Da sind wir beispielsweise sehr betrübt darüber, daß uns alle drei, vier Jahre einmal etwas passiert, was sehr unangenehm, womöglich äußerst blamabel ist. Dann sagt man sich, jetzt hast du wieder deinen alten Fehler gemacht. Wenn man sich das tatsächlich sagt, so ist schon sehr viel erreicht. Die meisten sagen nämlich dann: der andere war schuld. Man sagt meist dann, wenn etwas Schlechtes passiert, daß der andere schuld sei; wenn etwas Gutes passiert, dann hat man selber recht gehabt, und war es womöglich sehr gut, so war man jemand, der etwas geleistet hatte. Wir vergessen es gern, daß die peinlichen und blamablen Erlebnisse Antworten der Welt auf unsere Art darstellen, auf die Weise, wie wir selber innerlich gefügt sind. Man sollte immer wissen, wenn einem etwas Unangenehmes geschieht, daß man weitestgehend selber die Schuld trägt, denn man hat aus seiner Person heraus, aus seiner Art zu sein, zu reagieren, die Umwelt gestalten zu wollen, das konstelliert, was einem geschieht. Diese magische Gefügtheit des Lebens, auf die wollte ich hinweisen. Sie spielt sich in jenen tiefsten Schichten ab, die wir verstandesmäßig kaum erreichen, deren wir ansichtig werden können, wenn wir auf eine klare, saubere, nicht aggressive, affektive Art und Weise die Reaktionen und die Fügungen unseres Lebens und unseres Lebensweges betrachten. Dieser ganze magische Komplex ruht in dem, was ich das Schlafbewußtsein genannt habe, dessen rezeptives Organ das Ohr ist.

Der magische Mensch ist noch nicht in unserem Sinne handelnd, er ist ein vornehmlich empfangender, ein hörender Mensch, der das, was da unter dem Erdboden, was im dunklen, vitalen Wurzelbereich geschieht, einfach geschehen läßt. Das Ohr ist das empfangende Organ par excellence. Denken Sie an die magische Wirkung beispielsweise der Urwaldtrommel, denken Sie an den Einfluß von Musik auf uns, die uns aus der Zeit heraushebt, uns zeitlos werden lassen kann. Diese Zeitlosigkeit und auch diese Raumlosigkeit, wo das, was »hier« geschieht, auch »dort« geschieht und einander beeinflußt, liegen auch den telepathischen Phänomenen zugrunde, die heute sogar von der Wissenschaft anerkannt werden mußten, sowie vielen Geschehnissen, die sich in unserem eigenen Leben ereignen: da kommt beispielsweise gerade der um die Straßenecke, von dem ich soeben gesprochen habe. Immer kommen gerade die »Esel« um die Ecke, die man genannt hat; aber es sind mit der Zeit so viele Esel und so viele Ecken, daß man es sich allmählich wohl doch eingestehen sollte, daß das nicht dauernd »Zufall« sein kann. Da spielt das Magische hinein. Es ist ein sehr komplexer Vorgang und auch etwas schwer zu verstehen, weil es mit dem Verstand eigentlich nicht begreifbar ist. Abgesehen davon: in diesem ganzen magischen Bereich spielt vor allem auch das Sexuelle eine ausschlaggebende Rolle, er ist der Vitalbereich. Es ist kein Zufall, daß man beispielsweise von Menschen, die sich Hals über Kopf verlieben, falls diese Bindung nur Verliebtheit ist, sagt, sie seien hörig geworden. Da ist es wieder: das Ohr, das lauscht, das empfängt, und die ganze magische Konfiguration ist in unserem

Blickfeld. Oder das andere: »Du gehörst mir«, dieser Machtanspruch, dieser Besitzanspruch; oder im Militärischen »Du mußt gehorchen« – immer ist da Ausschaltung der Individualität. Wenn ich hörig bin, bin ich selber nicht mehr, sondern nur noch ein Teil des, wie man dann meint, geliebten Wesens. Wenn ich *gehorche,* bin ich nicht mehr, sondern ich habe irgend etwas als Instrument auszuführen – ich meine den Kasernenstil von 1900. Und wenn mir etwas *gehört,* dann lösche ich das andere Ding oder den anderen Menschen aus, an den ich diesen Anspruch stelle. Man sieht, wie das ineinandergreift, wie sich die Ichlosigkeit des Magischen im Auditiven zu erkennen gibt. Was geschah im Laufe der menschheitsgeschichtlichen Entwicklung, sofern das eine Entwicklung im Sinne des darwinistischen Prozesses ist, was bezweifelt werden darf? In dem Maße, in dem der magische Mensch aus dem Schlafbewußtsein auftaucht – das kommt in den Jagdritualen zum Ausdruck, die ja schon ein Gegenüber kennen, wenn das Tier, das erlegt werden soll, in den Sand gemalt wird –, findet ein erstes Aufwachen statt, ein erstes Empfinden dessen, daß es etwas wie ein Gegenüber gäbe, und wahrscheinlich gibt es da auch ein erstes Raumgefühl, das aber nicht reflexiv, das noch nicht denkbar ist, also auf unsere Weise gedacht wird, sondern eher so wie ein Kind den Raum erlebt. Das Kindesalter entspricht durchaus der magischen Struktur, das spätere dann der mythischen.

Aus dem magischen Schlafbewußtsein erwachend, formt sich das aus, was ich als die mythische Bewußtseinsstruktur bezeichnet habe. Welche sind deren Charakteristika? Mythisch ist das Einander-sich-Ergänzende. Die Seele und ihre Bilderwelt, der Traum, sowohl der individuelle Traum als auch die Mythen der Völker, die gewissermaßen die Kollektivträume der Menschheit sind, sind einander verwandt, vor allem aber sind sie, einerseits menschheitlich, andererseits individuell gesehen, Ausdrucksformen des mythischen Bewußtseins. Während der magische Mensch noch durchaus in die Unität eingewoben ist, in die Welt des pars pro toto, ist der mythische Mensch bereits ein Mensch des Traumbewußtseins: jetzt dürfte der Begriff Bewußtsein in der Verbindung mit dem Worte Traum nicht mehr so stören, wie es vielleicht vorher der Fall gewesen ist, denn daß sich im Traum Bewußtseinsvorgänge spiegeln, ist uns ja allen aus der eigenen Erfahrung bekannt. Anstatt der Unität, in der sich der magische Mensch befindet, ist es für den mythischen Menschen die Polarität, das einander Ergänzende. Hier kündigt sich schon eine gewisse Entzweiung an, die aber, wie dann im mentalen Bereich, noch keine Gegensätzlichung ist. Dieses Erwachen zur Polarität ist eine unerhörte Leistung und lebenserhaltend insofern, als jetzt ein Spannungsverhältnis eintritt, und jede Spannung ist ja lebengebend, das in der Unität des magischen Menschen nur latent vorhanden war und sich nur allmählich herauszukristallisieren begann. Es kommt noch etwas hinzu: Zum ersten Mal erhält der Mensch ein reflexives Bewußtsein dessen, was Zeit ist. Er nimmt bewußter als der magische Mensch zumindest an dem kosmischen und naturhaften Zeitablauf teil. Den Raum kennt er eigentlich noch nicht; sowenig wie ein Raumdenken oder eine Raumvorstellung Sache des magischen Menschen waren oder des Kleinkindes sind, sowenig ist im mythischen Bereich eine Raumvorstellung oder ein Raumdenken vorhanden. Das wird an Athene deutlich, der griechischen Göttin; von ihr heißt es, wie von anderen Göttern, daß sie sich in Gedankenschnelle von Ort zu Ort zu bewegen vermochte; es gibt für sie keine Entfernung im Raum, der Raum ist also inexistent. Der mythische Mensch lebt in der Ergänztheit, in der Polarität. Man kann sich ein Bild vom Mythischen machen, wenn man an ein Wort des Heraklit denkt; es gibt deren viele, die der gleichen Art sind, aber ich will nur eines herausgreifen: »Hades aber und Dionysos sind die gleichen.« Aussagen wie diese, deren ich bereits einige zitiert habe, sind Kernworte, in denen sich eine Grundbefindlichkeit, eine Grundsituation, eine jeweilige menschheitliche Konstellation derart überscharf herauskristallisiert, daß man nur dankbar sein kann, daß es geniale Menschen gegeben hat, die fähig waren, sie in Worte zu fassen. Denn was heißt das: Hades aber und Dionysos sind die gleichen? Hades ist der Gott der Unterwelt, Dionysos ist der Gott des Lichts, der Sonne, und sie sollen die gleichen sein? Es sind die gleichen; sie sind das, was ich Polarität nannte.

Es ist für den mythischen Menschen immer so, daß das Nichtanwesende als Abwesendes doch anwesend ist. Das klingt vielleicht umständlich, ist paradox, und rational nicht faßbar. Es ist wie bei einer Münze: man sieht sich die Münze an, da steht auf der einen Seite die Zahl, aber die andere Seite, die mit dem dort eingeprägten Kopf, ist ja auch vorhanden. Wir aber sehen jeweils immer nur die eine Seite, was aber nicht bedeutet, daß nicht beide Seiten da wären. Oder man erinnere sich des Yin-Yang-Prinzips der Chinesen, das die mann-weibliche Ergänztheit, aber auch die von Erde und Himmel zum Ausdruck bringt und durch das Tai-Ki-Symbol dargestellt wird. Richard Wilhelm, der auch Dschuang Dsi übersetzt hat, hat nachgewiesen, daß das Tai-Ki als Yin-Yang-Prinzip die sonnenbeschienene Seite eine Hügels und die im Schatten liegende Seite eines Hügels versinnbildlicht. Wir sehen infolge unserer gegenständlichen Betrachtungsweise immer nur das, was vor unseren Augen liegt, und denken gar nicht daran, daß zu dem uns Sichtbaren auch seine ungesehene, unsichtbare Seite gehört, ohne welche es das Ganze überhaupt nicht gibt. Deshalb haben wir ja auch eine geteilte Welt. Jetzt muß ich, was das Mythische anbetrifft, bevor ich mich unserer heutigen Bewußtseinsstruktur zuwende, noch einmal betonen, daß es vor allem an die Seele gebunden ist. Wenn Triebhaftes zur Wirkung kommt, das an das Magische gebunden ist, dann ist das ein magischer Vorgang. Im Mythischen aber handelt es sich um das Erwachen der Seele im Menschen. Seitdem kann er unterscheiden zwischen Grün und Blau, zwischen Himmel und Erde, die für ihn nicht Gegensätze, sondern polare Entsprechungen sind, denn das eine ist ohne das andere nicht denkbar. So wie Tag und Nacht einander entsprechen, so wie Frau und Mann einander entsprechen, so wie Sonne und Mond, Dunkel und Helligkeit nicht Gegensätze sind, sondern in ihrer polaren Gebundenheit jeweils nur zusammen das Ganze sind. Diese mythische Konstellation ist psychisch und irrational; rational und kausal läßt sie sich nicht darstellen. Sie ist auch bislang die Welt des Glaubens gewesen.

In der Entfaltung des Bewußtseins vollzog sich dann noch einmal – und das kann man sehr deutlich ablesen, denn wir kommen jetzt in die geschichtliche Zeit – eine Mutation, ein Sprung – mutare heißt ja einen Sprung machen. Einmal – es ist jetzt fünfzehn Jahre her –, als ich über diese Dinge sprach, standen nach dem Vortrag sehr ehrenhafte Wissenschaftler auf und warfen mir vor, es wäre nicht zulässig, daß ich einen Begriff der Biologie – Mutation –

für ein geistes- oder seelengeschichtliches Phänomen benutze. Dabei hatte ich betont, daß ich von Mutation nicht im biologischen Sinne, wo Mutation eigentlich immer Minusmutationen sind, spräche, sondern von Plusmutationen, weil geistige Mutationen in der Polarität zum Bios nur Plusmutationen sein können. Abgesehen davon hat dann kurz darauf C. F. von Weizsäcker auch in diesem Sinne von geistigen Plusmutationen gesprochen. Noch während ich mir überlegte, wie ich auf kürzeste Weise diesem Einwand der sogenannt unzulässigen Transponierung eines Begriffes aus einem Gebiet in ein anderes begegnen sollte, stand Erwin Schrödinger, der große Physiker und Nobelpreisträger, auf und sagte dem Sinn nach etwa folgendes: »Also meine Herren, so geht es natürlich nicht. Sehen Sie, in meiner eigenen mathematischen Disziplin, da haben wir zum Beispiel Brüche – ich arbeite dauernd mit Brüchen –, ja und denken Sie sich, der Chirurg tut es auch und nennt es auch so.«

Am Ende der mythischen Zeit geschah dann etwas absolut Überwältigendes, das für die damalige Menschheit in demselben Maße beängstigend, schmerzhaft, unruhestiftend und Weltuntergangsvorstellungen auslösend war, wie das, was heute in unseren Tagen geschieht. Damals war es der Sprung aus dem mythischen Bereich in den mentalen Bereich, der heute noch in unserer Art zu leben und die Welt zu betrachten, vorherrschend ist. Damals spielte sich dieses Geschehen für uns in Griechenland ab; seit etwa 500 v. Chr. konsolidierte es sich, nachdem es sich schon einige hundert Jahre vorher angebahnt hatte: damit erwachte der Mensch gewissermaßen zum Tagesbewußtsein.

Der magische Mensch hatte noch ganz tief in der nicht einmal bewußt erfaßten Sippe oder dem Clan gelebt. Auch der mythische Mensch lebte noch mehr im Sippenverband als in der eigenen Familie. Er lebte im »Wir«. Sein Ich war noch nicht erwacht. Der magische Mensch ist ichlos, so wie das Kleinkind ichlos ist. Wir kennen alle jenen erstaunlichen Augenblick, wo das kleine Kind zum ersten Male nicht »Lotte will das« sagt, sondern »*Ich* will das«. Dieses Ich, das das Kind nennt, dieses erste Ich, ist freilich noch nicht unser Ich, das Ich des Erwachsenen, aber es ist der Ansatz dazu. Dieses Wort »Ich« kommt zum ersten Mal in der Literatur, in der Kunst –

die Kunst bietet die besten Ablesungsmöglichkeiten für derartige Strukturierungen – in der Odyssee vor: Im achten Gesang gibt sich, von Nausikaa gerettet, Odysseus am Hofe der Königstochter zu erkennen. Da steht dieses unerhörte Wort erstmalig in der Menschheitsgeschichte »Eim Odysseus«, »*Ich* bin Odysseus«. Dort wird es zum ersten Male mit vollem Bewußtsein ausgesprochen: Ich bin der und der und ihr seid die anderen. Diese Ichfindung ist für den mentalen Bereich konstituierend. Erst seitdem gibt es das, was wir Philosophie und eine Frühform der Wissenschaft nennen, wobei die aristotelische Philosophie rationaler als die platonische ist. Was heißt das aber? Früher wurde *berichtet;* alle Weisheitsbücher, alle Weisheitsquellen, alle Schöpfungsberichte sind keine Darstellungen, sondern an das bildhafte Schauen gebundene Berichte, aber niemals Interpretationen oder Darstellungen in dem Sinne, wie wir etwas darstellen. Und was geschieht jetzt? Zum ersten Mal wird nicht einfach gesagt, das und das ist so, sondern der Mensch spricht mit dem Mitmenschen. Er vermittelt ihm sein Wissen nicht mehr durch einfache Aussage, einen Bericht oder eine symbolische Schilderung, sondern im Dialog. Dieses Phänomen, daß etwa ab 500 v. Chr. zum ersten Mal in der Menschheitsgeschichte Texte geschrieben werden, die in der Dialogform gründen, ist ja ein Hinweis darauf, daß der Lehrende sich nun plötzlich an einen bestimmten Lernenden, daß ein Ich sich an ein Du wendet. Sowohl Zarathustra, sowohl Konfutse, sowohl Lao-tse, sowohl Mahavira, der Begründer des Jainismus, sowohl Buddha als auch (bei uns) Sokrates beziehungsweise Platon übermittelten uns erste philosophische und nicht mythische Texte, gedachte Darstellungen, die in der Dialogform geschrieben sind; auffallend daran ist, daß dieses Phänomen in den damaligen Hochkulturen zusammengedrängt in jenem kleinen Zeitraum von zweihundert Jahren (500 bis 300 v. Chr.) in Erscheinung tritt. Es ist, wenn man es zu Ende denkt, ein erstaunliches Phänomen, denn schließlich hat Sokrates sich nicht mit Buddha dahingehend verständigt, nicht mehr bildhaft zu schildern, sondern beweisend darzustellen, indem sie mit den Schülern sprachen. Man darf vielleicht fragen, woher wohl der Antrieb kam, daß in diesen drei, vier Hochkulturen, mehr oder weniger gleichzeitig, eine ganz neue Art, die Welt zu betrachten, Form und Ausdruck annahm. War es etwa Zufall? Wenn wir es als Zufall bezeichnen, berauben wir uns eines so großen Reichtums und einer solchen Beziehungsfülle und der Einsicht in das Ineinanderwirken so vieler Dinge, die hintergründig sind, daß es mir immer leid tut, wenn man dieses Phänomen einfach als Zufall abtut und es damit wegräumt, weil es unbequem ist zuzugeben, daß dahinter die Wirkung einer »höheren Instanz« stehen könne, die beunruhigt.

Dies mentale Denken setzte damals ein und veränderte unsere Art, den Menschen zu sehen, grundlegend. Hinzu kommt, daß außer der Seele nun dem Menschen auch das bewußt wird, was ihm deutlich gegenübersteht: der Raum. Die ersten Versuche, den Raum als solchen darzustellen, finden sich in der frühgriechischen Vasenmalerei; es sind noch verzeichnete Perspektivansätze, was man nur rückschauend sehen kann; in der Zeit selbst, als Zeitgenosse, sieht man es nicht, sowenig wie wir heute sehen, sondern nur vermuten können, wohin unsere neue »Kunst« mit ihrer zum Teil unbeschreiblichen Art und Weise der Lebenszerstückelung tendiert. Die damals einsetzende Raumerfassung wird dann vollständig eigentlich erst in der Renaissance, und zwar durch Leonardo da Vinci, geleistet. Sie fängt bei Giotto an, im Geistesgeschichtlichen parallel dazu bei Petrarca. Diese Welt, diese gedachte, diese vorgestellte Welt, und nicht mehr die im Traumbild oder im Mythos geschaute Welt des Mythischen noch die in der Unitätssucht der Verschmelzung magisch erfahrene Welt war seither vorherrschend.

Ich habe bereits im Verlaufe meiner Ausführungen hin und wieder auf Gestaltungsmomente hingewiesen, die sich aus unseren Überlegungen für das Leben des einzelnen ergeben können. Eine Lebensgestaltung ist nur dann möglich, wenn wir uns klar darüber Rechenschaft ablegen, wie wir als einzelne bewußtseinsmäßig strukturiert sind. Darüber soll abschließend gesprochen werden.

Zuvor möchte ich jedoch noch auf ein beachtenswertes Phänomen hinweisen, das Ihnen vielleicht das Begreifen unserer Zeit etwas erleichtern kann, die, da wir heute in einer doch offensichtlichen Zeit des Umbruchs stehen, ungemeine Anforderungen an uns stellt, die den entsetzlichen, aber auch beglückenden Anforderungen ähneln, welchen seinerzeit die Menschen der letzten Bewußtseinsmutation, jener, die sich um 500 v. Chr. ereignete, ausgesetzt ben wir, besonders in der letzten Zeit, fast alle Phänomene beurteilt: entweder Rußland oder Amerika, und dazwischen der »Eiserne Vorhang«. Diese Entweder-Oder-Haltung steht im ausgesprochenen Gegensatz zu jener Haltung, die eigentlich die mythische war, wo vor allem das »Sowohl-als-Auch« galt. Denn Hades ist sowohl Dionysos als auch Hades selbst. Aufgrund der neuen kernphysikalischen Erkenntnisse sind wir genötigt worden, die bisherige alternative Denkweise aristotelischer Art des Entweder-Oder, des »tertium non datur« teilweise aufzugeben. Für den Wirklichkeitsbereich der Kernphysik, der sich unseren Augen entzieht, aber nicht unseren Feststellungen, ergab sich, daß – und ich beschränke mich hier auf ein etwas ungeschlachtes Beispiel – wir nicht mehr sagen können, ein Atom oder ein Elementarteilchen, die kleinere Form des Atoms, ist entweder Korpuskel oder Welle. Das aber bedeutet, daß die Wirklichkeit nicht entweder-oderhaft strukturiert ist, sondern daß etwas sowohl-als-auch sein kann. Denn durch die neue Atomphysik wissen wir, daß die Materie stets zur gleichen Zeit sowohl Welle als auch Korpuskel ist, nur daß wir nicht beider Formen zugleich ansichtig werden können, sowenig, wie wir von einem Geldstück, wenn wir es vor uns haben, auch die Rückseite sehen können. Welle oder Korpuskel sind, so haben es Einstein und nachher Eddington definiert, nur andere Erscheinungsformen des Gleichen, eine anscheinend ausgesprochen mythische Erklärungsform, aber mit dem Unterschied, und darauf kommt es an, daß die mythische sich über die Tragweite und Art ihrer Realisation gar keine Rechenschaft ablegen konnte. Wir werden heute, und das ist der Unterschied, durch die bewußte Akzeptierung des Sowohl-als-Auch nicht wieder irrational, die Kernphysik wird dadurch nicht etwa irrationalisiert, indem wir die mythische Konfiguration zugeben, sondern diese Akzeptierung ist ein Zeichen dafür, daß wir fähig wurden, uns, aus einem wachen oder überwachen Bewußtsein heraus, sowohl die mentale Art zu sehen, als auch die mythische, irrationale Art, die Welt anzuschauen, bewußt zu machen.

Die aristarchische Lehre von der Heliozentrik, der vierte Grundpfeiler unseres bisherigen Denkens wurde desgleichen in Frage gestellt, aber die wenigsten haben davon überhaupt bisher Kenntnis genommen. Vergessen wir nicht, daß derart umwälzende Hinweise waren. Es gibt Hunderte von Hinweisen auf dieses Phänomen, von dem jetzt zu sprechen ist, die auch für die Lebensgestaltung des einzelnen wichtig sind, weil die Allgemeinentwicklung stets mit der persönlichen parallel geht. Dieses Phänomen besteht darin, daß wir heute, wie ich meine nachgewiesen zu haben, in einer neuen Bewußtseinsmutation stehen, die uns aus dem Mental-Rationalen in das Integrale, das ich ja bereits erwähnte, führt. Dafür, daß etwas zu Ende geht, möchte ich als einziges Beispiel ein ganz kurzes, jedoch sehr komplexes geben: Die vier Hauptpfeiler unserer Art zu denken, die Welt darzustellen und die Welt zu erfassen, war die von den Griechen für uns eroberte Denkweise mentaler Art. Seit etwa Anfang dieses Jahrhunderts fangen die vier Eckpfeiler dieses Denkens an, fragwürdig zu werden. Davon, daß sie ganz beseitigt werden könnten, kann nicht die Rede sein, weil dann keine Art guten, sauberen, logischen, kausalen Denkens mehr möglich wäre. Aber ihre nunmehr begrenzte Gültigkeit ist heute erwiesen. Diese vier Hauptpfeiler waren die euklidische Geometrie, die aristotelische Logik, die demokritische Atomlehre und die aristarchische Lehre von der Heliozentrik.

Die euklidische Geometrie ist durch Gauß, Riemann, Einstein in eine nichteuklidische überhöht worden, das heißt nicht, daß die euklidische für gewisse Bereiche nicht mehr gelte; davon kann keine Rede sein, aber ihre Allgemeingültigkeit, ihre absolute Gültigkeit ist erschüttert. Ohne die neue Geometrie hätten wir keine Ultraschall-Flugzeuge, aber auch keine Atombombe. Ohne die vierdimensionale Mathematik oder Physik wären sie niemals möglich geworden.

Die demokritische Atomlehre besagte, daß das Atom der letzte Baustein der Welt ist, da es unteilbar sei. Inzwischen aber ist es geteilt worden. Wir haben heute gewissermaßen eine nichtdemokritische Atomlehre.

Eines der Hauptaxiome der aristotelischen Logik war der Satz Tertium non datur (= ein Drittes gibt es nicht), denn entweder ist etwas oder es ist nicht, und somit ist eine dritte Möglichkeit ausgeschlossen. Hier in dieser Alternative liegt die Wurzel für das Gegensatzdenken, für den Dualismus, in dem das Entweder-Oder die ausschlaggebende Rolle spielt. Nach dieser Schwarzweißmanier ha-

und Entdeckungen innerhalb der Generationen sehr lange Zeit brauchen, um sich durchzusetzen. Aristarch hatte ungefähr 300 v. Chr. die Heliozentrik gefunden, Pythagoras hatte sie schon vorher angedeutet. Platon und Aristoteles, all jene, bis zu den Skeptikern wußten um sie; dann geriet sie in Vergessenheit. Es war Kopernikus, der sie 1507 wiederentdeckte, und zwar, wie er selber sagte, auf Grund alter Quellen. Und trotzdem ist, nachdem Kopernikus die ptolemäische Geozentrik als irrig erwiesen und anstelle ihrer die Heliozentrik gesetzt hatte, heute noch für viele eigentlich das geozentrische Weltbild vorherrschend. Für das Allgemein-Bewußtsein kam die Heliozentrik nämlich erst mit dem Naturalismus um 1850/60 zum Durchbruch, also erst nach 350 Jahren beziehungsweise in der zehnten Generation. Im Jahre 1918 machte dann Knud Lundmark die Entdeckung der sogenannten außergalaktischen Nebel- und Sternsysteme, jener also, die außerhalb unseres Milchstraßensystems gelegen sind. Was für Konsequenzen hat diese Entdeckung? Um es auf eine fast unzulässig einfache Art zu formulieren: Erst waren wir sehr glücklich, daß die Erde das Zentrum war, und dann wurden wir schon etwas beunruhigt, daß wir um die Sonne herumkreisten, und nun ist der Mittelpunkt, der dann durch die Heliozentrik wenigstens noch gegeben war, neuerlich in Frage gestellt. Wo ist da eigentlich noch ein Halt, wo gibt es da noch eine Mitte? Diese Entdeckung ist ein Auftrag an uns, etwas zu realisieren, etwas mit unserem inneren Weltgefühl in Übereinstimmung zu bringen und unser Leben zu gestalten, was zu verwirklichen gar nicht so leicht ist. Wir werden gezwungen, die Sicherheit, die wir während langer Zeit verloren hatten, wieder in uns selber zu entdecken und nicht in den rationalen Denkgerüsten und Vorstellungen, die wir vor uns aufbauten und die uns einen nur fragwürdigen Halt gegeben haben.

Ich habe im Verlaufe dieser Betrachtungen immer wieder auf die Lebensgestaltung hingewiesen und war dabei etwas inkonsequent, da ich die sachliche Darstellung der verschiedenen Strukturen sogleich auch in bezug zu unserem eigenen, persönlichen Leben zu bringen suchte. Wenn aber jemand sein Leben gestalten will, so muß er sich Rechenschaft davon ablegen, wer er ist, denn jeder einzelne von uns ist auf eine verschiedene Weise strukturiert.

Der eine neigt mehr zum Musischen, zum Mythischen, der andere neigt fast ausschließlich (und diese sind beinahe, jedenfalls unter den Gebildeten, die Mehrzahl) zum rationalen Erfassen, wobei ich mit »rational« die defiziente Form des Mentalen bezeichne. Ratio kommt von teilen, Ratio bedeutet ja nicht nur Denken, Überlegen und Verstand, sondern vor allem »Teil«; das sagen schon die Begriffe: rationieren, rationalisieren, Ratenzahlung aus. Rationales oder rationalistisches Denken ist nicht mehr mentales Denken mit seinen vier verschiedenen Formen der Kausalität, wie sie noch die Scholastik gekannt hat, sondern ein einspuriges, finalgerichtetes Denken, das dann letztlich die Welt geteilt hat. Denn, daß wir in einer geteilten Welt leben, wissen wir, und daß es diese Rationalisierung gibt, wissen wir auch. Dieses teilende Denken hat die Welt geteilt. Alles, was geschieht, wird gedanklich vorgeformt, bevor es Wirklichkeit wird. Was heute – Blake sagt es im Vorwort zu »Hölle« – nur eingebildet oder gedacht ist, morgen wird es Wirklichkeit sein. Das ist akzeptierbar, solange Denken nicht mit bloßem Wissen gleichgesetzt wird, denn dann wird das Denken zu einem bloßen Machtinstrument degradiert. Francis Bacon hat jenes unheilvolle Wort: »Wissen ist Macht« geprägt. Dieser Machtanspruch (und das gehört auch zur Lebensgestaltung) muß zumindest zurückgedämmt werden, denn er ist durchaus patriarchaler Natur. Gewisse Psychologen hoffen, wir würden dank des sich heute vollziehenden Umbruchs wieder in eine matriarchale Kultur zurückkehren. Träte dies ein, so würde das sich heute herauskristallisierende menschheitliche Bewußtsein bereits im Keim zum Tode verurteilt. Abgesehen davon ist und bleibt das matriarchale Element immer vorhanden; bei uns existiert es in einer negativen Form, denn wir huldigen zwar nicht mehr der *»Mater«*, wohl aber dem *Mater*ialismus. Das ist leider kein Wortspiel. Nur weil wir das so versteckt tun, können wir uns patriarchal geben.

Wenn wir die augenblickliche Weltsituation und die augenblicklich noch vorherrschende Tendenz zum Pragmatischen betrachten, so dürfte es jedem klar werden, daß wir mit der Haltung, die wir bisher eingenommen haben, nicht weiterkommen. Dagegen ist die Tatsache, daß die vier Hauptstützen unserer Denkweisen erschüttert wurden, eines der zahlreichen Symptome, die uns darauf hinweisen, daß ein Umbruch, eine neue Mutation, die ins integrale Bewußtsein, stattfindet. Wir haben da, was unsere Lebensgestaltung anbetrifft, Glück, denn diese Mutation stellt an uns die Forderung, die das Leben von eh und je an uns gestellt hat: daß wir alles, was vorhanden und bewußtseinsmäßig erfaßbar ist, integrieren. Ein kleines Beispiel dafür hat uns vorhin die Kernphysik gegeben. Wenn ein mythischer Mensch »sowohl - als auch« sagt, ist das ganz etwas anderes, als wenn ein Mensch, der das Mentale oder Rationale, das nur das »Entweder-Oder« kennt, überwunden hat, wieder fähig wird zu sagen, daß die Wirklichkeit außer der Entweder-Oder-Möglichkeit auch noch die Sowohl-als-Auch-Struktur enthält, und wir dank oder trotz unserer Logik fähig sind, das zu akzeptieren, ohne daß es in Widerspruch gerät zu dem aristotelischen Denken.

Die Forderungen der Welt und des Weltbewußtseins, die diese heute offensichtlich an jeden von uns stellen, sind nicht nur ein Hinweis, sondern der Schlüssel dafür, wie wir selber, jeder von uns, unser Leben so gestalten können, daß wir, weil wir sie zu erfüllen trachten, sterben können in der Gewißheit, daß Sterben neue Geburt und der Tod kein Ende ist. Darauf kommt es doch wohl letztlich an: Daß wir, die wir schreiend und weinend geboren werden, als formulierungsbegabte und einsichtige menschliche Wesen lächelnd sterben können. Es gibt viele, die die Möglichkeiten, die das Leben uns gibt – wahrscheinlich leben wir nur deshalb – versäumen, diesen unendlichen Reichtum, der, je älter wir werden, immer reicher wird, so daß wir es erlernen, von uns selber absehen zu können. Magisch gesehen sind wir ichlos, mythisch gesehen sind wir wirhaft, mental gesehen ichhaft. Diese Ichhaftigkeit führte aber rational gesehen zur Ego-Hypertrophie, zur Ich-Überbetonung; und damit zur Isolation, zu jener Beziehungslosigkeit, der wir heute überall begegnen. Die nicht mehr christliche Art, mit dem Menschen als Mitmenschen umzugehen, nennt man dann eine Notwendigkeit des Existenzkampfes, aber man kann sie auch als egoistischen Versuch der Erhaltung des Wohlstandes bezeichnen. Wohin führt es? Der Weg des Menschen sollte von der Ichlosigkeit über die Ichhaftigkeit zur Ichfreiheit führen. Es gibt ichlose Momente im Leben, es gibt ichhafte; unser Versuch sollte es sein, wenn wir es uns selber überlegen, was und wie wir sind, ichfrei zu werden.

Das will besagen: frei sowohl von Ichlosigkeit als auch von Ichhaftigkeit, oder besser noch: so frei, daß wir über sie je nach Bedarf und Umständen, die es erfordern, ichlos oder wirhaft oder ichhaft, bewußt verfügen können. Es kommt nicht darauf an, daß wir glauben, wir müßten die Welt in Ordnung bringen dadurch, daß wir sie und die Menschen manipulieren. Zuallererst müssen wir uns selber in Ordnung bringen, in die Ordnung, die größer ist als wir. Und ich glaube, wenn wir versuchten, diese Souveränität über uns selbst zu gewinnen, dann könnten wir das vollbringen, was die Weltsituation und das Weltbewußtsein von uns fordern; daß wir nämlich mit unserer Arbeit an uns selber, durch die Integration all dessen, was uns konstituiert, einen Beitrag an die Erhaltung der Welt und der Menschheit leisten. Denn wenn das nicht gelingen sollte, so liegt es nicht an den Umständen, sondern an dem Versagen derer, welche die Überwachheit des neuen, integralen Bewußtseins und damit die Ichfreiheit nicht realisierten. Ohne diese Lebensgestaltung wird das neue Bild vom Menschen ein Wunschtraum bleiben, der dann kein Erwachen kennen wird, weil ohne sie Welt und Menschheit zum Tode verurteilt sind.

2. Die drei europäischen Welten

Die unperspektivische Welt

Nirgends läßt sich der Wandel des europäischen Weltgefühls und der europäischen Weltbetrachtung so deutlich ablesen wie an der Malerei und Architektur. Nur die Einsicht in diesen Wandel wird uns Wesen und Bedeutung neuer Stilarten und Ausdrucksweisen ins rechte Licht rücken.

In der Fülle der Stilarten, welche die darstellende Kunst der nachchristlichen Zeit aufweist – und es soll vorerst nur von dieser Zeit die Rede sein –, können wir zwei große, in sich geschlossene Epochen unterscheiden und daran anschließend eine dritte, die heute erst in ihren Anfängen steht: die erste, bereits abgeschlossene Epoche umfaßt die Zeit bis zur Renaissance, die andere, vor ihrem Abschluß stehende, reicht bis zur Gegenwart. Das entscheidende und unterscheidende Merkmal für diese Epochen ist das Fehlen oder aber das Vorhandensein der Perspektive. Wir bezeichnen darum die erste Epoche als »unperspektivisch«, die zweite als »perspektivisch« und die neu in Erscheinung tretende Epoche als »aperspektivisch«.

Es wird sich bald zeigen, daß diese Bezeichnungen nicht nur ästhetisch und kunsthistorisch, sondern auch geistes- und seelengeschichtlich Geltung haben. Die realisierte Perspektive bedeutet Erschließung, also Bewußtwerdung, des Raumes. Die noch nicht realisierte Perspektive bedeutet dagegen, daß der Raum noch im Menschen schläft oder daß der Mensch noch im Raume schläft, da er zu ihm noch nicht erwacht ist. Dieser Zustand drückt weiter aus, daß der Mensch in der unperspektivischen Welt sich noch nicht selber gehört, sondern einer Einheit, nämlich der Sippe oder einer Gemeinschaft bzw. der Gemeinde: der Akzent liegt noch nicht auf dem Ich, sondern auf der Gemeinschaft (der qualitativen Form des Kollektivs), er liegt noch nicht auf dem Persönlichen, sondern auf dem Unpersönlichen. Diese unperspektivische Welt ist die der Bilderhandschriften, des Goldgrundes und der frühromanischen Malerei, in die erst die Gotik, als Ankündigung der Renaissance, eine

Akzentverschiebung brachte, denn noch herrschten die Elemente vor, welche die mittelmeerische Antike konstituierten; der Raum ist noch nicht in unserem Sinne Tiefenraum, sondern einerseits Höhle (und damit auch Gewölbe), andererseits bloßer Zwischenraum. In beiden Fällen ist er also ununterschiedener Raum: ein Eingebettetsein in die Welt spricht aus diesem Sachverhalt, eine uns kaum mehr vorstellbar dichte Verbundenheit von außen und innen, eine uns kaum mehr nachfühlbare Entsprechung von Seele und Natur. Nur allmählich, durch das langsam sich ausbreitende und sich kräftigende Christentum, wird dieser Zustand zerstört; mit der Distanzierung zur Natur, die es predigt, wird aus der Zerstörung eine befreiende Tat.

Das Fehlen eines Raumbewußtseins schließt das Fehlen eines Ichbewußtseins ein, da zur Objektivierung des Raumes und zu seiner Qualifizierung ein sich seiner selbst bewußtes Ich gehört, das sich diesem Raum gegenüberzustellen und ihn, aus der Seele entäußernd, auch darzustellen vermag. So betrachtet, sind Worringers Sätze über den Mangel jeglichen Raumbewußtseins in der ägyptischen Kunst durchaus gültig: »Nur als Rudiment einer urzeitlichen Raum- und Höhlenmagie spielt der Raum in der ägyptischen Baukunst eine Rolle... Der Ägypter war ... dem Raum gegenüber ... neutral und indifferent. Das Raumhafte lebte in seinem ... Bewußtsein gar nicht als ... Potenz. Nicht überräumlich war seine Gesinnung, sondern vorräumlich. Raumlos war seine Oasenzuchtkultur... Sie [diese Kultur] kannte architektonisch nur Raumbegrenzungen, Raumgehäuse, aber keine Rauminnerlichkeit. Wie ihre Reliefzeichnungen ohne Schattentiefe waren, so waren ihre Architekturen ohne Raumtiefe. Die dritte Dimension, die eigentliche Dimension der Lebensspannung, ward nur als Quantität, nicht aber als Qualität empfunden. Wie sollte da der Raum, dieses Moment der tiefensuchenden Ausdehnung, losgelöst von allen Körpern, als selbständige Qualität ins Bewußtsein kommen? ... dem Ägypter fehlte ... alles räumliche Bewußtsein.«

Und nicht nur in der frühen Antike, sondern auch in der Epoche vor der Renaissance müssen wir den gänzlichen Mangel eines qualitativen objektivierten Raumbewußtseins feststellen. Und zwar trotz, ja gerade auch infolge der Euklidischen Geometrie. Indirekt hat diesen Sachverhalt v. Kaschnitz-Weinberg[1] bewiesen. Er hat die zwei gegensätzlichen, sich aber ergänzenden Strukturelemente der antiken Kunst und deren Heraufkunft aus dem Megalithikum (der Steinzeit) herausgearbeitet: das eine ist die vornehmlich von Nord- und Westeuropa in das Mittelmeergebiet eindringende und vor allem den griechischen Baustil beeinflussende Dolmenarchitektur, die phallischen Charakters ist und in der griechischen Säulenarchitektur (wie jener des Parthenon) weiterlebt. Hier ist der Raum bloßer Zwischenraum, der zwischen den aufgerichteten Säulen übrigbleibt und dessen Struktur durch die Vertikale und die Horizontale der tragenden und lastenden Steine bestimmt wird und somit dem Euklidischen »Würfelraum« entspricht. Das andere Strukturelement der antiken Kunst sieht v. Kaschnitz-Weinberg in der aus dem Orient, vornehmlich aus dem Iran, in das Mittelmeergebiet eindringenden und vor allem die spätantike, römische Architektur beeinflussenden Höhlenarchitektur, die uterischen Charakters ist und die in der römischen Kuppelarchitektur (wie jener des römischen Pantheon oder der Thermen usw.) weiterlebt. Hier wird der Raum bloßer Gewölberaum, den orientalischen Mutterreligionen entsprechend ein Höhlenraum, mit dem Nachklang an die gewaltige kosmologische Konzeption, wonach das Weltall selbst nichts anderes ist als eine ungeheuere Höhle. Und es sei hinzugefügt, daß Platon in seinem »Höhlengleichnis« als erster jenen Menschen beschrieben hat, der aus der Höhle herausgetreten war. Wir können also sagen, der »Raum« der Antike ist ein ununterschiedener Raum, ein bloßes In-Sein, nämlich ein behütetes Im-Mutterschoß-Sein, der keine Konfrontation mit dem tatsächlichen Außenraum ausdrückt. Und in dem konstituierenden Vorherrschen der beiden polaren Elemente des Väterlichen (Phallus – Säule) und des Mütterlichen (Uterus – Höhle), unter deren bindende Macht sich der unperspektivische Mensch stellte, spiegelt sich seine eigene Unabgelöstheit von der Elternwelt und damit seine Gebundenheit, die ein Ichbewußtsein in unserem heutigen Sinne ausschließt: er lebt noch geborgen und eingeschlossen in der distanzlosen Welt des Wir, und das Außen, der objektive Raum, ist demzufolge noch inexistent. Erst die christliche Baukunst brachte dann jene Zusammenfassung der beiden polaren Elemente, welche die raumlosen

Grundlagen des antiken Weltbildes konstituierten; im christlichen Kirchenbau gehen zum erstenmal diese beiden polaren Elemente (deren Symbolgehalt sich nicht durch die Akzentuierung des Sexuellen, sondern des seelisch-mythischen Aspektes auszeichnet) jene kreative Verschmelzung ein, welcher der Menschensohn entstammt. Denn in der christlichen Kirchenarchitektur bilden Säulen und Turm mit Gewölbe und Kuppel zum erstenmal jene Dualität, welche die Trinität ermöglicht, die sich im Sohne als Menschen darstellt, dem Menschen, der sich seinen Raum schaffen wird.

So gesehen ist es nicht verwunderlich, wenn sich um die Zeit Christi bereits innerhalb der Welt der Spätantike deutlich ein Wandel vorbereitet, dessen tief einschneidende Wichtigkeit und dessen Kühnheit wir uns vergegenwärtigen können, wenn wir die etwa ab 1250 n. Chr. sich vorbereitende Renaissance betrachten, jene Epoche, welche die Stilelemente aufnimmt, die sich zur Zeit Christi ans Licht wagten: wir meinen die ersten Ansätze zu einer perspektivischen Raumdarstellung auf pompejanischen Wandmalereien. Auf ihnen finden wir außer ersten Andeutungen landschaftlicher Motive sogar Stilleben, eine Tatsache, in der zum erstenmal eine Objektivierung der Natur sichtbar wird, die sich gleichzeitig in den römischen Gartenanlagen genauso äußert, wie sie sich in den idyllischen Naturschilderungen der späten bukolischen Poesie ankündigte, etwa in den »Eclogae« eines Vergil. Vornehmlich an diese neuartigen Elemente der antiken Kultur knüpfte die Renaissance an und brachte ihre Ansätze zur Blüte, indem sie aus einer zweidimensionalen Welt eine dreidimensionale, aus der unperspektivischen die perspektivische Welt erstehen ließ.

Die perspektivische Welt

Diese perspektivische Welt, die in der spätantiken, mittelmeerischen Welt vorgeformt wurde, begann in der europäisch-christlichen Welt etwa vom Jahre 1250 n. Chr. ab ihren Ausdruck zu finden. Hatte im Gegensatz zum ägyptischen Körpergefühl – das hieratisch gebunden, kanonmäßig, fast schablonenhaft unpersönlich und vorhuman, also in unserem Sinne noch inexistent war – das griechische Körpergefühl bereits eine gewisse Individualisierung des Menschen zum Ausdruck gebracht, so wird sich jetzt im ausgehenden Mittelalter der Mensch langsam nicht nur seines Körpers, sondern er wird sich dieses Körpers als Trägers seines Ich bewußt: er ist nicht mehr nur Mensch, sondern dieser eine, bestimmte Mensch, und sein Spiegel ist nicht mehr die nur idealisierte Büste oder Miniatur des Idealtypus eines Cäsar, eines Philosophen oder Dichters, sondern das von Jan van Eyck geschaffene Porträt.

Der Erfassung des Menschen als Subjekt liegt eine Erfassung der Welt und der Umwelt als Objekt zugrunde. Diese Objektivierung des Außen kommt in der Malerei zum erstenmal bei Giotto zu einem noch tastenden Ausdruck. Die frühsienesische Malerei und besonders die Welt der Miniaturmalerei ist eine unräumliche, in sich kommunizierende, flächenhafte Welt, die aus dem Symbolgehalt lebt und nicht aus dem, was wir heute Realitätsgehalt nennen; diese »Bilder« der unperspektivischen Zeit sind gleichsam in der Nacht gemalt, wo die Dinge schattenlos und flächenhaft sind, wo die Dunkelheit den Raum verschluckt hat, so daß nur seine immaterielle psychische Komponente ausdrückbar bleibt und auch ausgedrückt wurde. Mit Giotto aber wird dann jener Raum sichtbar, der bis dahin nur latent in der Nacht des Unbewußten des kollektiv gebundenen Menschen schlief: die ersten räumlichen Darstellungen in der Malerei entstehen und weisen die ersten Ansätze zur Perspektive auf. Ein ganz neues seelisches Raumbewußtsein, das sich aus der Seele in die Welt entäußert, beginnt sich Bahn zu brechen; ein Raumbewußtsein, dessen Tiefe in der Perspektive sichtbar wird. Dieser seelische Innenraum kommt zum Durchbruch, da die Troubadours (seit 1250) die ersten lyrischen Ich-Gedichte schreiben, die ersten persönlichen Gedichte, die plötzlich einen Abgrund zwischen Welt (oder Natur) und dem dichtenden Menschen aufreißen. Gleichzeitig bringt Thomas von Aquin in der Nachfolge seines Lehrers Albertus Magnus an der Universität von Paris Aristoteles zur Geltung und leitet damit die rationalisierende Ablösung von der noch vorwaltend psychisch gebundenen platonischen Welt ein, nachdem Petrus Hispanus, auch Petrus Lusitanus genannt, der spätere Papst Johannes XXI. (gest. 1277), mit seiner großen Schrift »De Anima« das erste umfassende europäische Lehrbuch der Psychologie verfaßt hatte, das über die islamische Tradition und Spanien die aristotelische Seelenlehre nach Europa hineintrug. Etwas später löst dann Duns Scotus (gest. 1308) die Theologie aus der hieratischen Strenge der Scholastik und lehrt den Primat des Willens und des Gefühls. Und die Zeitblindheit der Antike, die der unperspektivischen, seelisch betonten Welt entsprechend fast eine Zeitlosigkeit war, weicht zum erstenmal einer Zeitaufgeschlossenheit und einer Sichtbarmachung der Zeit, die meßbar räumlichen Charakter hat, als im Jahre 1283 die erste öffentliche Uhr im Palasthof von Westminster aufgestellt wird, ein Ereignis, das durch Papst Sabinus vorbereitet wurde, der im Jahre 604 befahl, durch Glockenschläge den Stundenlauf zu künden. Wir werden noch ausführlich auf das Zeitproblem eingehen, möchten aber bereits hier feststellen, daß ein lang vergessener, wesensgemeinsamer Zusammenhang zwischen Zeit und Seele besteht. Noch der Innenhimmel der Antike mit seinem Höhlencharakter ist Ausdruck der noch nicht zu einem räumlichen, die Zeit messenden Zeitbewußtsein erwachten Seele. Jener »Himmel des Herzens« aber, von dem ein Origenes[2] sprach, und der eben ein Innenhimmel war, wird in den ersten landschaftsbezogenen Himmelsdarstellungen entäußert, welche die Brüder Ambrogio und Pietro Lorenzetti etwa um 1327/28 auf den Fresken in S. Francesco zu Assisi erstehen ließen. Dabei müssen wir betonen, daß diese ersten Himmels- und Landschaftsdarstellungen durchaus nicht zufällig Nachtbilder sind, in denen ein natürlicher und kein symbolhaft astral-mythischer Mond sichtbar wird. Der Himmel dieser Fresken hat im Gegensatz zu dem Höhlenhimmel der Frühzeit nicht mehr einschließenden Charakter, er wird vom Blickpunkt des Malers aus dargestellt und ist Ausdruck nicht mehr des unperspektivischen In-Seins, sondern eines beginnenden perspektivischen Gegenüber-Seins. Der Mensch ist nicht mehr nur in der Welt, sondern er beginnt sie zu haben; aus einem, der selber Besitz (nämlich des Himmels) war, wird einer, der beginnt, wenn auch nicht den Himmel, so doch vielleicht die Erde bewußt zu besitzen. Das ist sowohl Gewinn als Verlust.

Uns ist ein Dokument erhalten geblieben, in dem sich dieses Gefühl von Verlust und Gewinn, von Aufgabe und Anfang auf eine ergreifende Weise spiegelt, und das uns mit wenigen Sätzen den

Kampf in einem einzelnen Menschen veranschaulicht, der sich auf der Grenzscheide zweier Welten befindet. Es handelt sich um jenen großen Brief Francesco Petrarcas, den der Zweiunddreißigjährige im Jahre 1336 an Francesco Dionigi von Borgo San Sepolcro schrieb; er steht als erster Brief im vierten Buch seiner »Familiari« und beschreibt Petrarcas Besteigung des Mont Ventoux. Diese Darstellung ist für die damalige Zeit ein geradezu epochales Ereignis, denn sie bedeutet nichts Geringeres als die Entdeckung der Landschaft, und in ihr kommt ein erstes Aufleuchten jenes Raumbewußtseins zum Durchbruch, das in der Folge grundlegend die Stellung des europäischen Menschen in und zu der Welt verändert.

Der Mont Ventoux liegt nordöstlich von Avignon, dort, wo die Rhone die französischen Alpen von dem Hügelland der Cevennen und dem gebirgigen Zentralmassiv Mittelfrankreichs scheidet. Er ist ein Berg, der sich durch seine klaren und ruhigen Linien auszeichnet, von Süden, von Avignon aus gesehen, in langsamer ununterbrochener Steigung seinen Grat in den klaren provenzalischen Himmel zeichnet und seinen Südwesthang breit ausladend und weithin ausgedehnt mit sanft sich fangendem Schwunge talwärts sendet, bis er sich nach einem fast zweitausend Meter überbrückenden Abwärtsfließen an der steil sich erhebenden Platanenterrasse von Carpentras fängt, das er mit seinen Mandelbäumen vor den Nordwinden schützt.

Eine merkwürdige Anziehungskraft geht von diesem Berge aus; der Verfasser, und gewiß mancher andere, hat sie selber erfahren, als er vor vielen Jahren diesen Berg zum erstenmal sah, ohne damals zu wissen, welche besondere Bewandtnis es mit ihm hatte. Es ist nicht zufällig, daß Petrarca die Entdeckung der Landschaft gerade hier, in diesem Teile Frankreichs machte, in dem die gnostische Tradition, die den Akzent auf Welterkenntnis, also mehr auf das Wissen als auf den Glauben legte, in den Troubadours, Katharern und Albigensern lebendig blieb; damit soll Petrarca aber nicht zum Gnostiker gemacht werden, es soll nur auf das gnostische Klima in diesem Teil der »douce France« hingewiesen sein, von dem schon die erste große französische Dichtung, »La chanson de Roland«, gleich eingangs (im 16. Verse) mit den Worten über »Li empereres Carles de France dulce« spricht.

Jener Brief Petrarcas hat Beichtcharakter: er ist an den Professor der Theologie gerichtet, der als Augustinermönch Petrarca die »Bekenntnisse« Augustins schätzen und beherzigen lehrte; aber man beichtet oder gesteht nur, wenn man glaubt, sich gegen etwas vergangen zu haben.

Der gewaltige Eindruck, den der vom Gipfel aus vor ihm ausgebreitete Raum auf Petrarca macht, die Erschütterung, diesen Raum als Wirklichkeit zu sehen, die Sorge, ja Bestürzung, das Gesehene zu realisieren und zu akzeptieren – all dies spiegelt sich in dem Briefe dessen, der als erster in Europa aus dem transzendentalen Goldgrund der sienesischen Meister, aus dem noch in der Seele und in der Zeit gleichsam schlafenden Raume, hinaustritt in den »wirklichen« Raum und damit die Landschaft entdeckt: die allseitige Bindung mit Himmel und Erde, die noch eine fraglose, eine undistanzierte unperspektivische Bindung war, zerreißt in dem Augenblicke, da ein Teil der »Natur«, durch seinen persönlichen Blick räumlich aus dem Ganzen herausgelöst, zu einem Stück *Land* wird, das er *schafft.* Es ist möglich, daß damit ein Teil des formenden (geistigen) Prinzips von Erde und Himmel, also sowohl von der »Natur« in ihrem umfassenden Sinne als auch vom »Göttlichen«, auf den Menschen überging; wenn dem so war, dann freilich wuchs – man ist versucht zu sagen, von jenem Tage Petrarcas an – die Verantwortung des Menschen in einer Weise, von der wir angesichts der Situation unserer Zeit bezweifeln müssen, ob er ihr gewachsen war. Wie dem auch sei, die Tatsache dieser folgenschweren Entdeckung bleibt bestehen. Und aus dem Briefe Petrarcas darf man zumindest eine Beunruhigung über diese Entdeckung und die geahnte aus ihr entspringende Verantwortungsfülle heraushören.

»Den höchsten Berg unserer Gegend«, so beginnt Petrarca seinen Brief, »habe ich gestern bestiegen, nur von dem Verlangen geleitet, die namhafte Höhe des Ortes kennenzulernen. Durch viele Jahre hindurch war dies in meiner Seele; von Kindheit an habe ich mich nämlich, wie Du ja weißt, hier in diesen Gegenden herumgetrieben. Jener Berg, weit und breit sichtbar, stand mir fast allzeit vor Augen. Allmählich ward mein Verlangen ungestüm, und ich schritt zur Ausführung, insbesondere, nachdem ich tags zuvor beim Lesen der römischen Geschichte im Livius auf jene Stelle gestoßen war, wo Philipp, der König von Mazedonien, ... den Berg Haemus in Thessalien besteigt, von dessen Gipfel zwei Meere, das Adriatische und der Pontus Euxinus, sichtbar sein sollen.«

Daß diese Bergbesteigung Philipps nicht mit der Petrarcas in ihrer Bedeutung gleichgesetzt werden darf, geht aus der Betonung hervor, die Livius darauf legt, daß man die *Meere* von dort aus sah, während er das Land, das eben noch nicht zur Landschaft geworden war, gar nicht erwähnt; diese Erwähnung der Meere ist durchaus als ein Hinweis darauf aufzufassen, daß der antike Mensch nicht den Raum sah, sondern die Seele, deren Bild (wie wir später sehen werden) immer das Meer war. Bei dieser Gelegenheit sei bemerkt, daß die bekannten Bergbesteigungen, die Hadrian, Strabo und Lucilius unternommen haben, von diesen Römern aus vorwiegend administrativen und praktischen Überlegungen erfolgten und nicht aus »ästhetischen« Gründen: Hadrian, ein Verwaltungsreformator, bestieg den Ätna, um das von ihm zu verwaltende Gebiet zu sehen, und der staatsverfolgte Lucilius, ein Freund des Seneca, hatte durchaus praktische Ziele.

Kehren wir jedoch zu Petrarcas Brief zurück. Nach der Erwähnung der Livius-Stelle folgt die Beschreibung der mühsamen Wanderung und die einer Begegnung: »In den Schluchten trafen wir [er und sein Bruder Gerardo] einen alten Hirten, der mit vielen Worten versuchte, uns von der Besteigung zurückzuhalten und sagte ... er hätte niemals davon gehört, daß jemand Ähnliches gewagt habe.« Ohne sich von den Lamentationen des Alten beeindrucken zu lassen, steigen sie weiter, »und noch im Aufstieg«, so schreibt er, »trieb ich mich selber mit diesen Worten an: Was also heute, beim Besteigen dieses Berges du erfahren hast, das kommt gewißlich dir *und vielen* zugute, die zu einem glückseligen Leben hingelangen wollen ...«. Auf dem Gipfel angekommen, überstürzt sich die Beschreibung, und die Tempuswechsel zeugen von der Erschütterung, die in ihm nachklingt, wenn er das Gipfelerlebnis evoziert: »Erschüttert von dem ungewohnten Winde und von dem weiten und freien Schauspiel, war ich zu allererst wie vor Schreck erstarrt. Ich schaue: Die Wolken lagen unter meinen Füßen ... Ich wende meinen Blick italienwärts, wohin sich noch mehr als dieser meine Seele wandte ... Ich gestehe, daß ich seufzte, da ich den Himmel Italiens sah, der mehr meinem Geist als meinem Auge erschien, und ein unsagbares Verlangen ergriff mich, meine Heimat wiederzusehen... Und dann ergriff mich ein neuer Gedanke, der mich *aus dem Raum in die Zeit trug* (a locis traduxit ad tempora). Ich sagte zu mir selber: Zehn Jahre sind es her, daß du Bologna verließest...«; und die nachfolgenden Sätze, die sein Leid während dieses Jahrzehntes erwähnen, sind ganz dem inneren Leben zugewandt: die Sehnsucht nach der Heimat, die ihn in der heimatlosen Unvertrautheit dieses Gipfelaufenthaltes überkam, wird übermächtig; eben noch sieht er die *damals neue Wirklichkeit,* aber vor ihrer erschütternden Wirkung flieht er »aus dem Raum in die Zeit« zurück, flieht aus dieser ersten Raumerfahrung zurück in den Goldgrund der Sieneser Meister. Und dann nach der Beichte seines Leides, nach dieser seelischen Befreiung, fährt er in der Schilderung des gesehenen Raumes fort: »Dann wende ich mich nach Westen; vergeblich suche ich den Rücken der Pyrenäen, dieser Grenze zwischen Frankreich und Spanien... Ich sehe die Berge der Lyoneser Provinz zur Rechten, und zur Linken die Fluten des Mittelmeeres, die auf der einen Seite Marseille bespülen und sich an Aigues-Mortes brechen; und obwohl die Entfernung weit war, sahen wir sehr deutlich; die Rhone selbst lag unter unserem Blick...«. Doch von neuem wendet er sich zurück, und es ereignet sich dabei etwas, das symptomatisch ist für die Sensibilität dieses Dichters, der, wie hilflos geworden vor der Weite, die vor ihm ausgebreitet ist, nach einem Halt suchend die »Bekenntnisse« des Augustin aufschlägt, wobei ihm die Formulierung zufällt, die aus seiner seelischen Heimat stammt, der er sich bereits das erste Mal, seinen Blick von der Landschaft zurücknehmend, zugewandt hatte: »Gott ist mein Zeuge«, so schreibt er, nachdem er die »Bekenntnisse« geöffnet hat, »und jener, der dabei war (sein Bruder), daß mein Blick auf folgende Stelle fiel: ›Und die Menschen gehen die hohen Berge bewundern und die gewaltigen Wogen des Meeres und die langen Läufe der Flüsse und die Unermeßlichkeit des Ozeans und die Bahnen der Sterne, und sie geben sich damit selber auf (et relinquunt se ipsos)‹.« Und wieder erschrickt er, diesmal nicht angesichts des Raumes, sondern angesichts der Seele, an die ihn diese ihm zufallenden Worte Augustins gemahnen; und er fährt fort: »Bestürzung erfaßte mich, ich gestehe es, und meinen Bruder, der diese Stelle auch zu lesen wünschte, bittend, mich nicht zu stören, schloß ich das Buch, erzürnt darüber, daß ich mich auch jetzt noch irdischen Dingen zugewandt hatte, da doch selbst die heidnischen Philosophen es seit langem mich hätten lehren sollen, daß außer der Seele nichts bewunderungswürdig (des Anschauens wert) sei (nihil praeter animum esse mirabile), und daß im Vergleich mit ihrer Größe nichts groß ist.« Doch gleich darauf – er macht im Briefe einen pausierenden Absatz – folgen dann diese überraschenden Worte: »Als ich alsdann im Betrachten dieses Berges meine Augen sattsam befriedigt hatte« – also doch erst nach bewußter Kenntnisnahme und Ausschöpfung des Gesehenen –, »wandte ich meine inneren Augen in mich selber hinein (in me ipsum interiores oculos reflexi); und von jener Stunde an war es, daß man uns nicht reden hörte...«. Und wie eine letzte Bejahung dieser Bergbesteigung und des Erlebten mutet es an, wenn er am Schluß des Briefes, versteckt unter einem seelischen Vorbehalt, der körperlichen Mühen gedenkend, schreibt: »Soviel Schweiß und Mühe, damit der Körper dem Himmel um ein kleines näher komme..., etwas Ähnliches muß die Seele erschrecken, die sich Gott annähert.«

Von jenem Tage auf dem Berge Ventoux an bis zu seinem Lebensende dauert nun der Kampf in Petrarca, der durch den Einbruch des Raumes in seine Seele – und man könnte mit dem gleichen Recht auch sagen: der durch den Ausbruch des Raumes aus seiner Seele – ausgelöst wurde: die alte Welt, die in dem Worte Augustins, *daß die Zeit in der Seele sei*[3], ihre bündigste Formulierung fand, jene alte Welt, in der nichts außerhalb der Seele Liegendes wunderbar und des Anschauens für wert befunden wurde, sie beginnt zu zerbrechen. Ganz allmählich verlagert sich der Akzent immer deutlicher von der Zeit in den Raum, bis im Materialismus des 19. Jahrhunderts der seelische Schwund ein heute den meisten offensichtlicher Verlust wird, den erst die jetzigen Generationen auf eine neue Weise zu überwinden beginnen. Damals aber, vor 600 Jahren, war der Übergang, der sich in Petrarcas Brief spiegelt, eine vorerst unerhörte Erweiterung des Weltbildes. Mit jenem Ereignis, von dem Petrarca selber fast prophetisch schreibt, daß es »gewißlich ihm und vielen zugute kommen werde«, beginnt eine neue Art der Naturbetrachtung, die realistisch, individuell und rational ist. Schon die Auflockerung des Raumes und der Landschaft bei Ambrogio Lorenzetti und Giotto, bei dem aber das Landschaftliche, etwa die Hügelmotive, noch vorwiegend symbolische Darstellung der umbrischen Natur gewesen waren, stellte eine Abwendung von der unperspektivischen Welt dar, die durch die Giotto-Schüler weitergeführt wird. Fra Angelico und Masolino, später Paolo Uccello, die Brüder Limburg in den *»Très riches heures du Duc de Berry«* arbeiten das Perspektivische immer stärker heraus, und bei Masaccio wird zum ersten Male sichtbar, was sich schon bei Giotto vorbereitete: daß die Erfassung des Menschen angestrebt wird, ein Charakteristikum, das auch in den Reliefs des Andrea Pisano, vor allem in seinem »Astronomenrelief« am Campanile in Florenz, und dann ganz offensichtlich bei Donatello zum Ausdruck kommt. Dabei dürfen wir jedoch nicht Lorenzo Ghiberti vergessen, dem in seinem Jugendwerk, dem Bronzerelief »Die Opferung Isaacs«, im Jahre 1401/02, bereits eine erstaunlich genuine Darstellung atmenden und nicht mehr einschließenden Raumes gelang; eines Raumes (soweit ein Relief Raum evozieren kann), in dem weder das transzendentale Goldlicht noch die ergänzende Lichtlosigkeit des einschließenden Höhlen-Alls webt, sondern eines Raumes, in dem die Lungen des Menschen atmen.

Alle diese Äußerungen, die den Wandel in der Einstellung des Menschen zur Welt zum Ausdruck bringen, sind aus dem Künstlerischen genuin aufbrechende Manifestationen und noch unreflektierte direkte Aussagen. Erst in den dreißiger Jahren des 15. Jahrhunderts beginnt dann der europäische Mensch sich auch reflexiv und theoretisch, also bewußt, mit den Möglichkeiten und Ausdrucksformen des neuen Stiles auseinanderzusetzen.

Wenn wir in der Darstellung dessen, was man einen »Abriß der Geschichte der Perspektive« nennen könnte, etwas ausführlich sind, so deshalb, weil auf diese Weise anschaulich werden mag, welcher Zeiträume und welcher Intensität vieler es bedarf, damit etwas, das zuerst nur keimhafte, im Innen ruhende Anlage ist, zu blühendem Ausdruck im Außen kommen kann. Und der Anschaulichmachung dieser Faktoren können wir keinesfalls entraten, wenn wir später, bei der Betrachtung unseres eigenen Zeitalters, jene Maßstäbe anlegen wollen, die uns ein gerechtes oder doch wenigstens ein um Gerechtigkeit bemühtes Urteil ermöglichen sollen.

In den dreißiger Jahren des 15. Jahrhunderts nun verfaßt Cennino Cennini seinen berühmt gewordenen »Trattato della pittura«, welcher die erste kunsttheoretische Abhandlung darstellt; die ihm vorausgegangenen Schriften, vor allem jene der Mönche des Berges Athos, nämlich die des Heraclius und die des Theophilus, waren lediglich Rezeptbücher gewesen; Cennini aber, der von der Malweise Giottos ausgeht, die er verteidigt, gibt außer maltechnischen Ratschlägen auch Anweisungen über die Unterscheidung zwischen Mensch und Raum, ferner darüber, wie man die Gebirge zu zeichnen und wie man den Raum, durch Abstufung und Abtönung der Farben, darzustellen hätte, womit er im Prinzip die »Luft- oder Farbenperspektive« Leonardo da Vincis vorausnahm.

Um die gleiche Zeit beginnen die Brüder van Eyck die perspektivische Maltechnik in ihren Werken immer klarer und stärker zu realisieren, während bei anderen Meistern eine Fülle von perspektivischen Versuchen auftaucht, die zwei Tatsachen veranschaulichen: erstens das Bedürfnis der Räumlichung, zweitens die Schwierigkeit, diese Räumlichung darzustellen. Ungezählte Bilder dieser Kleinmeister, die heute nur allzu leicht übersehen werden, zeugen von dem unerhörten inneren Kampf, der sich in den Künstlergenerationen jenes 15. Jahrhunderts abspielte und der Meisterung des Raumes galt, wobei wir der verwirrendsten Lösungsversuche ansichtig werden, wie der umgekehrten, der verkürzten oder der teilweise angewandten Perspektive und anderer Fehlversuche. Gerade diese Bilder der Kleinmeister sind ein eindringliches Beispiel für den entscheidenden Vorgang der Bewußtwerdung des Raumes: einerseits ist der Raum, den der Künstler innerlich gezwungen ist darzustellen, noch im Entstehen begriffen, da er, sich nur langsam aus seiner Seele lösend, auch nur allmählich bewußt und damit klar darstellbar wird; andererseits ist aber der Künstler des Raumes, wenn auch noch in einem merkwürdigen Zwielicht, ansichtig geworden. Und dieser neue Fund, diese Begegnung, ist von derart überwältigendem Eindruck, der elementare Einbruch der dritten Dimension, diese Verwandlung der bloß euklidischen Maßfläche in eine Tiefendimension, ist derart verwirrend, daß es vorerst zu einer

Rauminflation, zu einem Überschwemmtwerden vom Raum kommt, eine Verwirrtheit, die sich deutlich in den unzähligen perspektivischen Darstellungsversuchen äußert. Wir werden später noch sehen, daß sich ein ähnlicher Vorgang der Verwirrung bei der Darstellung einer neu bewußtwerdenden Dimension in unseren Tagen, in der Malerei seit etwa 1800, abspielt. Während das Anliegen der Frührenaissance die Konkretisierung des Raumes war, betrifft es in unserer Epoche *die Zeit*. Unsere Grundidee, der Versuch einer *Konkretisierung der Zeit* und damit der Realisierung und Bewußtwerdung der vierten Dimension, gibt uns die *Handhabe für eine umfassende Erkenntnis unserer Epoche*.

Was nun die fast dramatisch zu nennenden Jahre der Frührenaissance anbetrifft, so sind im Anschluß an den Traktat des Cennini vor allem die nicht weniger epochemachenden Schriften des Leon Battista Alberti hervorzuheben, seine 1436 veröffentlichten drei Bücher »Della pittura«, die außer einer auf Vitruv fußenden Proportionslehre und Anatomie in dem Kapitel »Della prospettiva«[4] einen ersten systematischen Darstellungsversuch der perspektivischen Konstruktion enthalten. Schon vorher hatte Brunelleschi in der von ihm erbauten Kuppel des Domes von Florenz die erste perspektivische Konstruktion realisiert, und Manetti nennt ihn zu Recht den »Begründer der perspektivischen Zeichnung«. Alberti jedoch brachte die erste erkenntnistheoretische Formulierung für diese neue Darstellungsweise, wenn er, zwar noch summarisch, schreibt: »Die Malerei (das Bild) ist also der Schnitt, gemäß einem bestimmten Raum oder Intervall mit seinem Zentrum und seinen bestimmten Helligkeiten, durch die Sehpyramide, die durch Linien und Farben auf einer vorgegebenen Oberfläche dargestellt wird.« Das, was ein Vitruv in seiner »Architettura« noch »scenografia« nannte, wird bei Alberti zu der durch die Sehpyramide deutlich gemachten »prospettiva«. Von dieser Perspektive handelt etwa ein Dutzend Jahre später dann Lorenzo Ghiberti in seinen drei »Commentarii«; trotz aller seiner Anstrengung, die Tradition zu wahren, spricht er in ihnen auf eine neue und eigene Weise sowohl von der Perspektive als auch von der Anatomie und von einer Theorie der Zeichnung (»Teorica del disegno«), und korrigiert dabei bezeichnenderweise sein hauptsächlichstes Vorbild Vitruv insofern, als er im Aufbau seiner Arbeit dort das Kapitel über die »Perspektive« einsetzt, wo er nach Vitruv über die »Gesetzeskenntnis« hätte handeln müssen: damit erhebt er auch erkenntnismäßig die Perspektive zum Grundgesetz seiner Zeit.

Und noch einmal, bevor Leonardo Endgültiges über sie schreiben wird, befaßt sich einer der größten Künstler jener Zeit mit diesem Thema und gibt eine tiefdringende Einführung in die Lehre von der Perspektive, der gegenüber jene von Alberti dilettantisch und empirisch anmutet. Es ist Piero della Francesca, der am Ende seines Lebens zusammen mit Luca Pacioli seine drei auf Euklid beruhenden Bücher »De perspectiva pingendi« schreibt, in welchen zum ersten Male die »costruzione pittorica« als Perspektive bezeichnet wird. Er hatte sie selber praktisch in jenen Jahrzehnten der zweiten Hälfte des 15. Jahrhunderts, nach den Brüdern van Eyck, aber neben Fouquet (um nur einige der Größten zu nennen), zur Anwendung zu bringen vermocht und damit jene Möglichkeit ihrer Vervollkommnung vorbereitet, die sie in der »Luftperspektive« auf dem »Abendmahl« des Leonardo erreichte. Doch ehe wir von ihm sprechen, müssen wir zwei Tatsachen erwähnen, die besser als viele Worte darlegen, in welchem Maße das ausgehende 15. Jahrhundert von der »Perspektive« fasziniert war und ihr allgemein die geradezu gesetzgebende Funktion zusprach, wie es ja schon in Ghibertis Vitruv-Korrektur zum Ausdruck kam. Luca Pacioli nämlich, der Mitarbeiter Piero della Francescas, ein gelehrter Mathematiker und Euklidübersetzer, der auch mit Leonardo da Vinci befreundet war, feierte in einem seiner Werke, der »Divina proporzione«, die Perspektive als achte Kunst; und etwa zehn Jahre später, in den neunziger Jahren des 15. Jahrhunderts, errichtete Antonio del Pollaiuolo auf einem der von ihm erbauten Papstgräber in St. Peter dieser »Perspektive« ein Denkmal, indem er sie kühn ebenfalls als achte freie Kunst zu den sieben alten gesellte.

Diese symbolische Überschreitung der Siebenzahl, der Heptaos, die wir zum Verdruß vieler zu erwähnen und ihrem symbolischen Gehalt gemäß symbolisch zu interpretieren wagen, ist eines der Indizien für die Durchbrechung des unperspektivischen Höhlenhimmels: mit der achten »Kunst«, die auch als achte »Muse« aufgefaßt wird, bricht eine Welt zusammen, durch sie wird der alte siebenplanetarische Himmel zerrissen: das Nein, das in dem *Nacht*himmel des unperspektivischen Höhlenraumes enthalten ist, verwandelt sich zur Klarheit und Tageshelligkeit der *Acht*, die das negierende *N* nicht besitzt: jener heptagonische Kosmos der Antike und ihrer Mysterienreligionen ist überwunden, der Mensch ist aus ihm hinausgetreten und hat damit diesen kosmischen Raum integriert und konkretisiert. Es ist heutzutage anrüchig geworden, sprachlichen Zusammenhängen, wie diesen zwischen den Wörtern Acht und Nacht, nachzugehen und in einer Zeit der Handgreiflichkeiten subtilere Beziehungen aufzudecken; auch wenn die Sprache selbst auf derartige Zusammenhänge und Beziehungen hinweist, sperrt sich der heutige Mensch dagegen und bemüht sich, sie möglichst zu entvitalisieren und zu entseelen, um sie seinem schlechten Gewissen gefügig zu machen. Aber die Dinge sagen sich trotzdem selber aus, und ihre Wurzeln bleiben; sie bleiben, solange das sie bannende Wort bleibt; und sie bleiben unwiderruflich, möge man versuchen, soviel man will, sie zu denaturieren. [...]

Richten wir jedoch unsere Aufmerksamkeit wieder auf die Perspektive. Wir sagten, daß sie der Ausdruck par excellence für das ist, was sich im 15. Jahrhundert im Bewußtwerdungsprozeß des europäischen Menschen abspielte: sie ist der vollkommen plastische Ausdruck für die Bewußtwerdung des Raumes, für seine Objektivierung; durch sie wird nicht nur der Raum sichtbar gemacht und in das taglichtige Wachbewußtsein gehoben, durch sie wird auch der Mensch selber als Mensch sichtbar; wir wiesen bereits darauf hin, daß in der Malerei Giottos und Masaccios zum ersten Male diese sichtbar werdende Erfassung des Menschen zutage tritt. Die Perspektive, deren Erlernung und deren allmählicher Besitz ein Hauptanliegen des Renaissancemenschen gewesen war, bringt außer der Erweiterung des Weltbildes in der durch sie bewirkten Räumlichung gleichzeitig eine Verengung zum Ausdruck, an deren Folgen wir heute leiden. Denn perspektivisch sehen oder denken heißt: räumlich fixiert sehen und denken. Wir wiesen schon verschiedentlich auf die jeder Perspektivierung innewohnende Gegensätzlichung hin; sie fixiert sowohl den Betrachter als das Betrachtete; ihre positive Folge ist: sie konkretisiert sowohl den Menschen als den Raum; die negative Folge ist: sie stellt den Menschen in einen Teilsektor, so daß er nur dieses Teilsektors ansichtig wird: er löst aus dem Ganzen nur jenes Stück heraus (wie Petrarca aus dem bloßen Land die Landschaft), das sein Blick oder sein Denken umfassen kann, und vergißt der daneben, darüber oder der möglicherweise auch hinter ihm liegenden »Sektoren«; damit ist die Anthropozentrik gegeben, welche die einstige Theozentrik, wie man sie nennen könnte, ablöste. Der Mensch, er selbst nur ein Teil der Welt, räumt diesem Teil und damit der ihm selber nur möglichen Teilansicht die beherrschende Stellung ein: damit erhält der Sektor das Übergewicht über den ganzen einschließenden Kreis; es erhält der Teil das Übergewicht über das Ganze. Das Ganze ist aber aus der perspektivischen Einstellung zur Welt heraus nicht mehr anzunähern; statt dessen verleiht man dem bloßen Sektor »Ganzheits-Charakter«, und die Folge davon ist die sattsam bekannte »Totalität« (die nicht zufällig in ihren drei ersten Buchstaben die Ambivalenz eines Urwortes, des lateinischen »totus«, durchscheinen läßt, das in der Spätzeit »ganz« und »alle« bedeutete, das aber in der Frühzeit wohl auch »nichts« bedeutet haben mag; jedenfalls ist die bloße Klangverwandtschaft zwischen »totus« und »tot« jedem hörbar)[6]. Doch lassen wir die Totalität und ihren nefasten Charakter; sie ist nicht das Ganze. Das Ganze aber, das von der perspektivischen Haltung aus nicht einmal mehr anzunähern ist, wird, wie wir noch sehen werden, neuartig und auf neuen Wegen von der aperspektivischen Haltung aus wieder annäherbar. In jedem Falle schließt die Perspektivierung auch eine Reduzierung ein, die unter anderem darin zum Ausdruck kommt, daß der unperspektivische Mensch (den man auch den hörenden Menschen nennen kann) noch vorwiegend auditiv war, während der perspektivische Mensch (den man auch als den sehenden Menschen bezeichnen kann) vorwiegend optisch ist. Die Grundlage des perspektivischen Weltbildes ist die Sehpyramide, jene von den Augen ausgehenden zwei Strahlen, die sich im angesehenen Objekt treffen: das Bild des herausgeschnittenen Sektors, der Subjekt und Objekt mitsamt dem dazwischenliegenden Raum erfaßt. Piero della Francesca bringt diesen Sachverhalt deutlich zum Ausdruck in einem Satz, der in der Übersetzung Dürers lautet: »Das Erst ist das Aug, das do sicht, das Ander ist der Gegenwürf, der gesehen wird, das Dritt ist die Weiten dozwischen.«[7] Panofsky kommentiert diesen Satz wie folgt: »Sie [die Perspektive] schaffte den *Körpern* Platz, sich plastisch zu entfalten und mimisch zu bewegen [was der Raumentdeckung gleichkommt],– aber sie schafft auch dem *Lichte* die Möglichkeit, im Raum sich auszubreiten [Hellwerden des Raumes ist Bewußtwerden des Raumes] und die Körper malerisch aufzulösen; sie schafft *Distanz*; zwischen den Menschen und Dingen.« Distanzierung aber ist stets ein Kennzeichen sowohl von bewußtwerdender Objektivierung als auch von der ihr voraufgegangenen, sie ermöglichenden Entäußerung und Freisetzung innerer Gegebenheiten, die in der Außenwelt wiedergefunden und realisiert werden.

Auch aus diesem Beispiel mag hervorgehen, in welchem Maße die Perspektive sinnhaftester Ausdruck für eine ganze Epoche ist. Sie ermöglicht – und das ist ihr Hauptanliegen – die »Durchsehung« und damit die Erfassung und Rationalisierung des Raumes. Übrigens sagt das Wort Perspektive selbst diesen Sachverhalt aus, und Dürer weist darauf hin, wenn er schreibt: »Item Perspectiva ist ein lateinisch Wort, bedeutt ein Durchsehung.« Sie ist eine Durchsehung des Raumes und damit eine Bewußtwerdung des Raumes. Dabei tut es nichts zur Sache, ob man nun die Interpretation Dürers akzeptiert, der das lateinische Verbum perspicere, von dem sich »Perspektive« herleitet, mit »durchsehen« übersetzt, oder ob man Panofsky folgt, der dieses Verbum mit »deutlich sehen« wiedergibt: beide Interpretationen laufen auf das gleiche hinaus, weil die Bewußtwerdung des distanzierenden Raumes ein deutliches Sehen voraussetzt, wobei die Steigerung des Bewußtseins wiederum ein Anwachsen des persönlichen Ichbewußtseins mit sich bringt.

Mit dieser Feststellung wären wir nochmals bei unserer These vom Doppelcharakter der *Perspektive* angelangt; sie *fixiert sowohl den Betrachter als das Betrachtete.* Diesen Doppelcharakter, diese Gegensätzlichkeit unterstreicht auch Panofsky, wenn er schreibt: »Die Geschichte der Perspektive (läßt sich) mit gleichem Recht als ein Triumph des distanzierenden und objektivierenden Wirklichkeitssinns, und als ein Triumph des distanzverneinenden menschlichen Machtstrebens, ebensowohl als Befestigung und Systematisierung der Außenwelt wie als Erweiterung der Ichsphäre begreifen.« Versagen wir es uns jetzt, auf das in diesem Satz gefallene Stichwort

»Machtstreben« einzugehen, das einen nicht unwesentlichen Aspekt des perspektivischen Menschen visiert, sondern lassen wir nochmals die Quellen selbst sprechen. Dies führt uns zu Leonardo da Vinci, auf den sich Dürer indirekt gestützt hat, worauf Heinrich Wölfflin hinwies.

Mit Leonardo da Vinci erreicht die Beherrschung aller perspektivischen Mittel ihre Vervollkommnung. In dem »Trattato della pittura«, einem nach seinem Tode durch andere aus seinen Aufzeichnungen zusammengestellten Traktat, dem vor allem eine Kompilation aus der Mitte des 16. Jahrhunderts zugrunde liegt, der sogenannte »Codex Vaticanus Urbinas 1270«, findet sich die erste nicht nur theoretische, sondern wissenschaftliche Beschreibung aller möglichen Perspektivarten und zum ersten Male auch eine eingehende Auseinandersetzung mit dem Licht als Realität unserer Augen (und nicht wie vorher als Symbol des Geistes Gottes). Diese neue Lichtwerdung hellt alle noch hinsichtlich der Perspektive bestehenden Dunkelheiten auf und macht ihren verwegenen Schöpfer zum Entdecker dessen, was man im Gegensatz zur »Linearperspektive« die »Luft- oder Farbenperspektive« nennt; verwirklicht die eine die perspektivische Täuschung auf der Bildfläche durch die perspektivische Zeichnung, so ermöglicht die andere dies durch die perspektivische Malerei, indem sie die malerischen Mittel lehrt, wie durch Graduierung der Farben, Schattengebung und farbliche Behandlung des Horizontes die raumerfassende und raumwiedergebende Darstellung zustande gebracht werden kann. Darüber hinaus war aber die Aufstellung der Perspektivgesetze durch Leonardo insofern epochemachend, als sie die *technische Zeichnung* ermöglicht, die den Ausgangspunkt für die technische Entwicklung unserer Zeit darstellt. Mit dieser Tat fand ein Prozeß seinen Abschluß, der Jahrhunderte gebraucht hatte (und wir werden im nächsten Kapitel noch sehen, daß seine ersten sichtbar werdenden Wurzeln zwei Jahrtausende zurückliegen), um ins Bewußtsein zu treten und damit die Welt des Menschen grundlegend zu ändern. Erst mit Leonardo ist die unperspektivische Welt ausgeträumt, erst mit ihm wird die perspektivische klar gedacht. Und hatten wir es an Hand des Petrarca-Briefes versucht, den ersten, den initialen Ruck der Raumbewußtwerdung darzustellen und uns dabei Rechenschaft davon gegeben, welcher Art dieser Prozeß einer schmerzhaften Ablösung aus dem Überkommenen war, so wollen wir bei dem Vollender Petrarcas ein Gleiches tun, um zu veranschaulichen, wie Entscheidendes sich in ihm abspielte und auf welche Weise es geschah.

Es gibt unter den Tausenden von Tagebuchnotizen und Aufzeichnungen Leonardo da Vincis mehrere, in denen sich, hält man die mutmaßlich früheren gegen die mutmaßlich späteren, der Prozeß der Raumbewußtwerdung, und damit auch der Prozeß seiner inneren Ablösung aus der überkommenen Welt, ablesen läßt. Wir wollen zwei kurze Aufzeichnungen dieser Art herausgreifen. In dem Manuskript A des »Institut de France« findet sich als eine der ersten generellen Perspektivdefinitionen Leonardos der Satz: »Perspektive ist ein Beweisgrund, wobei die Erfahrung bestätigt, daß alle Dinge ihre Bilder in Pyramidenlinien zum Auge senden«[8]. Abgesehen davon, daß wir hier dem wichtigen Pyramidenbegriff Albertis, nun freilich in der gültigen Ausformung Leonardos, wieder begegnen, enthält dieser Satz quintessenzartig die durchaus nicht undramatische Situation Leonardos und bringt sie zum Ausdruck: die platonische Auffassung nämlich, die aus dem Nachsatz spricht, seine noch beinahe vorplatonisch anmutende animistische Stimmung, »daß alle Dinge ihre Bilder ... zum Auge senden« – und daß nicht das Auge sie wahrnimmt, sondern sie gewissermaßen *erleidet*, steht in seltsamer, ja erschütternder Spannung zu der ganz aristotelischen Formulierung des Satzanfanges, der nicht nur von einem »Beweisgrund«, sondern von der frühwissenschaftlichen »Erfahrung« ausgeht. In diesem Satze, in dem der Wissenschaftler, der die Dinge beweist, und der Künstler, der die Dinge erleidet, miteinander kämpfen, spiegelt sich im Menschen Leonardo die Übergangssituation aus der unperspektivischen in die perspektivische Welt. Aus einer mutmaßlich späteren Notiz zur Perspektive ersehen wir dann den von Leonardo vollzogenen Schritt der Loslösung aus der antiken, beziehungsweise frühmittelalterlichen, unperspektivischen Bewußtseinsstruktur. Im Manuskript G des »Institut de France« notiert er: »Die Perspektive benutzt in den Entfernungen zwei entgegengesetzte Pyramiden. Eine derselben hat ihre Spitze im Auge [er nennt diese Spitze des öfteren auch ›den Punkt‹] und ihre Basis fern am Horizont; die zweite hat ihre Basis gegen das Auge zu und die Spitze am Horizont. Aber die erste betrifft das Allgemeine, da sie alle Größen der dem Auge gegenüberliegenden Körper erfaßt... Die zweite Pyramide aber betrifft eine besondere Stelle, ... und diese zweite Perspektive ergibt sich aus der ersten«[8]. In diesen Sätzen kommt zum Ausdruck, wie die »participation inconsciente« sich in eine, wie wir es ausdrücken möchten, relation consciente gewandelt hat: dem erleidenden Punkt im Auge, auf den die Dinge einströmen, hat Leonardo den überwindenden Punkt im Raume (»am Horizont«) entgegenzustellen vermocht und gleichzeitig die enge Beziehung des einen zum anderen realisiert, denn er sagt: »die zweite [im Außen realisierte] Pyramide ergibt sich aus der ersten«: der Akzent liegt nun auf dem ichhaften Auge, das den Raum realisiert hat, und das Gleichgewicht zwischen Ichwelt (Auge) und Außenwelt (Horizont) ist hergestellt. *Mit diesem Satz ist die Perspektive auch denkerisch verwirklicht. Sie bestimmt seit Leonardo das abendländische Weltbild.* Sie bestimmt es in einem derartigen Maße und entspricht ihm in so vollkommener Weise, daß bereits eine Generation später (um 1530) Agrippa von Nettesheim in seinem Alterswerk »De Incertitudine et Vanitate Scientiarum et Artium« ein kleines Kapitel: »De optica vel perspectiva« schreiben konnte, in dem sich der aufschlußreiche Satz findet: »Sie (die ›Perspectivkunst‹) weiset, mit was für einer Art die Ungestalt in Bildern vermieden werden kann.« Und um die ungefähr gleiche Zeit finden wir bei Pietro Aretino in seinem »Dialogo della Pittura«, den er vor allem zum Preise Tizians verfaßte, immer wieder einen bestimmten Vers zitiert: »Che spesso occhio ben san fa veder torto«, womit er auf die unerlaubte Neigung zu vorurteilsbelastetem Sehen hinweist, »die«, wie der zitierte Vers besagt, »oft läßt falsch seh'n selbst gesunde Augen«.

Dieser Verweis des Aretino und jene scharfe Formulierung des Agrippa, welche die unperspektivische Welt und ihre unperspektivische Darstellungsweise als »Ungestalt« und als »falsch gesehen« bezeichnen, zeigen deutlicher, als irgend etwas anderes es vermöchte, daß damals, zu Beginn des 16. Jahrhunderts, der Raum endgültig bewußt geworden und damit akzeptiert worden ist. Ein Raumrausch überfällt den damaligen Menschen, nachdem er diese

Bewußtwerdung geleistet und gesichert hat. Er spricht auch aus dem perspektivischen Rausch, der in Altdorfers Innenraumbildern und in den niederländischen Kirchenschiffgemälden zum beinahe jubelnden Ausdruck kommt und der jedweden Versuch jener Stimmen, die das alte Weltgefühl bewahrt wissen möchten, zum Schweigen bringt. Dies um so leichter, als jenes erste Landschafts- und Raumerlebnis Petrarcas dank der Perspektivlehre und -anwendung Leonardos zu einem Allgemeinbesitz wird, der sich deutlich in der immer stärker werdenden Landschaftsmalerei spiegelt, die sich über ganz Europa ausbreitet: Altdorfer, dann van Goyen; Poussin und Claude Lorrain; Ruysdal, dann Magnasco; Watteau, Constable, Corot, C.D. Friedrich; Millet und Courbet, Manet und Monet, schließlich Renoir und zuletzt noch van Gogh und Rousseau sind nur einige der großen europäischen Meister, die sich immer von neuem um die Erfassung des landschaftlichen Raumes mühten.

Der Raum ist das vordringlichste Thema dieses Zeitalters. Wir stützten uns zur Darstellung dieser Tatsache einzig auf seine anschaulichste Äußerung, die Erfindung der Perspektive, die ihn darstellbar macht. Andererseits haben wir bereits darauf hingewiesen, daß in dem Moment, da Leonardo das Problem der Perspektive löst und damit die Möglichkeit für die Raumentäußerung ins Bild schafft, Ereignisse stattfinden, die mit dieser Raumfindung Leonardos parallel gehen: Kopernikus sprengt den begrenzten geozentrischen Himmel und entdeckt den heliozentrischen Raum; Kolumbus sprengt den einschließenden Okeanos und entdeckt den Erdraum; Vesale, der erste große Anatom, sprengt die alten Körperlehren Galens und entdeckt den Körperraum; Harvey sprengt die gebundene Humoralmedizin eines Hippokrates und entdeckt den Blutkreislauf; Kepler sprengt das unperspektivische, kreis- und flächenhafte Weltbild der Antike, indem er statt der Kreisbewegung der Planeten, wie sie nach Ptolemäus noch ein Kopernikus annahm, ihre Ellipsenbahn nachweist. Es ist jene Ellipse, die in der Architektur zum erstenmal Michelangelo vorbereitete, dessen Kuppel von St. Peter die überhöhte, also nicht runde (höhlen- oder gewölbemäßig betonte), sondern elliptische Form aufweist; auch hier also Raumgewinn auf Kosten des antiken okeanischen « Raum«-Gefühles. Galilei vertieft dann den Einbruch in den Raum durch die

Perfektionierung und die astronomische Anwendung des Teleskops, das zu seiner Zeit in Holland erfunden worden war, bis sich schließlich, wie Leonardo es bereits vorentworfen hatte, der Mensch auch den Raum der Luft und den untermeerischen Raum eroberte. Wie stark das Bedürfnis um die Wende des 15. zum 16. Jahrhundert war, Raum zu gewinnen und die Fläche, die bloße Wand – jene uralte Höhlenwand – zu durchbrechen, kommt nicht nur zum Ausdruck in der Ablösung der Malerei von der Sakralwand ins Tafelbild, also in dem Übergang von der Freskomalerei zur Ölmalerei, sondern selbst auf den kleinsten und alltäglichsten Gebieten. Um jene Zeit wurden die ersten Spitzen hergestellt: selbst der Stoff durfte nicht mehr nur Fläche sein; sie mußte durchbrochen werden, um den Hinter- oder Untergrund durchscheinen zu lassen.

Es ist kein Zufall, daß in den Jahren, da die Perspektive den Raum als solchen erschließt, die soeben angeführten Einbrüche in die verschiedenen Raumwelten erfolgen, welche die Welt endgültig in eine räumliche, aber damit auch sektorhafte umgestalten. Und im gleichen Augenblick zerbirst die bis dahin noch bewahrte Einheit, und es wird nicht nur die Welt geteilt, es beginnt nicht nur das Zeitalter der Kolonien, es beginnt auch das der anderen Teilungen: das Zeitalter der Schismen und Kirchenspaltungen, das gleichzeitig eines der Eroberungen und der Machtpolitik, der entfesselten Technik und der Emanzipationen aller Art ist.

Die Überbetonung des Raumes und alles Räumlichen, die sich mit den Jahrhunderten seit 1500 nur verstärkt, ist sowohl die Größe wie die Schwäche des perspektivischen Menschen. Die Überlastung des »objektiven« Außen bringt neben seiner Rationalisierung und Haptifizierung, die aus der übertrieben optischen Einstellung resultiert, notwendigerweise eine Hypertrophierung des dem Außen gegenüberstehenden Ich mit sich: das, was man die Ego-Hypertrophie nennen könnte, die Überbetonung des Ich. Dieses Ich muß immer stärker betont, eben überbetont werden, um der sich ausweitenden Raumerschließung gewachsen zu sein; andererseits muß in dem Maße, in dem das Gegenüber des Ich, der Raum, immer stärker materialisiert und greifbar (haptisch) wird, sich auch dieses Ich selbst immer stärker verhärten. Auf der einen Seite bringt die

Ausweitung des Raumes eine allmähliche Ausweitung und eine aus ihr resultierende Auflösung des Ich mit sich – und damit die Möglichkeit zu seiner Vermassung; auf der anderen Seite bringt die Haptifizierung des Raumes eine Verhärtung, also eine Abkapselung des Ich mit sich – und damit die Möglichkeit zu seiner Isolation, die in der Egozentrik sichtbar wird.

Es dürfte hinsichtlich der perspektivischen Haltung feststehen, daß nämlich die aus der extremen Perspektivierung resultierende Raumbeherrschung mit einem Gleichgewichtsverlust, mit einer Desequilibrierung des Ich erkauft wurde. Und hinzu kommt, daß die einseitige Raumbetonung, die ihren extremsten Ausdruck im Materialismus und Naturalismus findet, ein unbewußtes, immer stärker werdendes Schuldgefühl durchbrechen läßt, das der vernachlässigten Komponente unserer Erscheinungswelt, der Zeit, gilt.

Heute, in der ausgehenden perspektivischen Epoche, ist neben der Raumbesessenheit, die sich selbst schon ad absurdum zu führen beginnt, die Zeitangst das hervorstechende Merkmal. Sie äußert sich vielfältig: als Zeitsucht, insofern all und jeder darauf aus ist, »Zeit zu gewinnen« – nur wird fast immer die falsche Zeit »gewonnen«, jene, die sich greifbar in räumliche Mehrtätigkeit umsetzen läßt, oder jene, die, »hat« man sie, »totgeschlagen« werden muß. Diese Zeitangst äußert sich als Zeithaptifizierung (die sich in den Glockenschlägen des Papstes Sabinus ankündigte), sie äußert sich in dem Versuch, die Zeit durch Materialisierung festzuhalten und in die Hand zu bekommen, da mehr als einer der Überzeugung ist: »Zeit ist Geld« – nur daß fast immer die falsche Zeit, jene, die sich in Geld umsetzt, nicht aber die geltende, realisiert wird. Diese Zeitangst kommt in der Hilflosigkeit des heutigen Menschen der Zeit gegenüber zum Ausdruck, in jener Zwangsvorstellung, die »Zeit ausfüllen« zu müssen: sie ist also leer – und somit noch räumlich vorgestellt, als sei sie ein Eimer oder irgendein Gefäß –, sie entbehrt für das Bewußtsein des heutigen Menschen noch durchaus des Qualitäts-Charakters. Zeit ist etwas in sich Erfülltes und nicht etwas, das »ausgefüllt« werden müßte. Die Zeitangst kommt schließlich auch in dem Fliehen vor der Zeit zum Ausdruck: in der Hast und im Eilen und dem »Nicht-Zeit-Haben« des heutigen Menschen. Es ist nur zu wahr: Raum hat dieser Mensch, aber Zeit hat er nicht; die Zeit hat ihn, denn er ist sich ihrer ganzen Wirklichkeit noch nicht bewußt. Und trotzdem, ja gerade, weil er »keine Zeit hat«, sucht er die Zeit – aber meist erst einmal am falschen Ort; ja, daß er sie ortet und an einem Ort sucht, ist seine Tragik. Aber die Raumgebundenheit, die in ihrer extremen Form zu einer Raumfixiertheit ausgeartet ist, läßt ihn aus dieser Raumbefangenheit heraus auf keinen Ausweg kommen; bloße Auswege oder Wege sind hier auch illusorisch: die Zeit ist weglos. Obwohl die Welt weiter wurde, wurde sie enger (nämlich scheuklappenmäßig verengt), und die Betonung dessen, was am Ausgangspunkt dieser perspektivischen Weltvorstellung stand, das Sektorhafte, verstärkte sich immer mehr. Das immer deutlichere Sehen engte den Sichtsektor immer stärker ein: je »tiefer« und »weiter« der Mensch in den Raum sieht, desto schmaler und enger wird die Sehpyramide, der Sehsektor.

Diese Situation brachte mit den Jahrhunderten, in denen sie sich allmählich herausbildete, jenes Stigma unserer Zeitepoche mit sich, das außer den aufgezählten das verderblichste ist: die heute allgemein herrschende Intoleranz und der aus ihr resultierende Fanatismus. Der Ängstliche, der Fliehende und der Verlorene (sei er dies in bezug auf sein Ich oder in bezug auf die Welt, ist gleichgültig, denn es gilt gleich für beide Bezüge) ist in seiner vitalen Bedrohtheit immer intolerant und »sieht« nur einen sich in nebelhaften Weiten verlierenden »Fluchtpunkt« (jenen Fluchtpunkt der linearen Perspektive, worüber einst ein Leonardo schrieb), den er fanatisch glaubt verteidigen zu müssen; denn anders ginge er seiner Welt verlustig. Der europäische Mensch, als einzelner wie als »Vermaßter«, sieht heute nur noch seinen Sektor. Auf allen Gebieten hat heute dieser Satz Gültigkeit; auf dem religiösen genauso wie auf dem politischen, auf dem sozialen genauso wie auf dem wissenschaftlichen. Das Aufkommen des Protestantismus leitete die Sektorierung des Religiösen ein; das Aufkommen des Nationalstaates brachte die Sektorierung des christlichen Abendlandes in sektorhafte Einzelstaaten; das Aufkommen der politischen Parteien sektorierte das Volk (oder die ehemalige christliche Gemeinschaft) in parteiprogrammgebundene sektorhafte »Interessengemeinschaften«; und in der Wissenschaft führte dieser Prozeß der Sektorierung zu dem heutigen Zustand: führte zu den Fachwissenschaften und allgemein zum Spezialistentum und den »Spitzen-Leistungen« des Scheuklappenmenschen. Aber ein Zurück gibt es nicht mehr: die re-ligio, die Rückbindung, ist fast zerrissen, der »Schnitt der Sehpyramide« hat sie gewissermaßen zerschnitten. Und ein bloßes Vorwärts und Weiter (das schon Fluchtcharakter angenommen hat) führt nur in weitere sektorhafte Detaillierung, letztlich zur Atomisierung. Was dann übrigbleibt, ist (wie im Trichter Hiroshimas) – amorpher Staub. Wahrscheinlich wird ein Teil der Menschheit – zumindest »geistig«, sprich: »seelisch« – diesen Weg gehen.

Wenn wir das Gesagte zusammenfassen, ist dies das Bild: einerseits Angst (vor der Zeit und vor der Machtlosigkeit ihr gegenüber), andererseits »Beglücktsein« (über die materielle Raumbeherrschung und über den Machtzuwachs daraus); und Isolation (des einzelnen, der Gruppen und Kulturkreise) auf der einen, Vermassung (der gleichen einzelnen in Gruppen und Interessengemeinschaften) auf der anderen Seite: diese Spannung zwischen Angst und Beglücktsein, zwischen Isolation und Vermassung, ist das Endergebnis einer Epoche, die sich bereits überblüht hat. Diese Epoche könnte jedoch gleichzeitig Gewähr dafür sein, daß ein neues »Ziel« erreicht wird, bedienten wir uns dieser Spannung, so wie sich der Pfeil der überspannten Bogensehne bedient; doch wie jeder Pfeil, so müßte auch sie, um dies zu erreichen, sich von den Extremen lösen können, welche die Abflugsspannung ermöglichen: sie muß, wie der Pfeil auf der Sehne, den Punkt finden, der hier bereits das dortige »Ziel« in sich trägt: das Gleichgewicht zwischen Angst und Beglücktsein zwischen Isolation und Vermassung; nur dann kann sich diese Epoche selbst aus der defizient gewordenen Unperspektivität und Perspektivität *befreien:* nur dann kann sie das gewinnen, was wir, auch seines befreienden Charakters wegen, die *aperspektivische* Welt nennen.

[...]

In den letzten Jahrzehnten haben sowohl Picasso wie Braque einige Bilder gemalt, deren Wertung bisher, wie uns scheinen will, von einem Standpunkt aus erfolgt ist, der ihnen nicht gerecht werden kann.

Solange wir eine Zeichnung wie die hier wiedergegebene von Picasso nur vom rein Ästhetischen her betrachten, wird die Vielzahl der Linien (selbst wenn die einzelnen in sich »schön« sein mögen) uns eher verwirren als mit jenem Gefühl des Schönen erfüllen, das

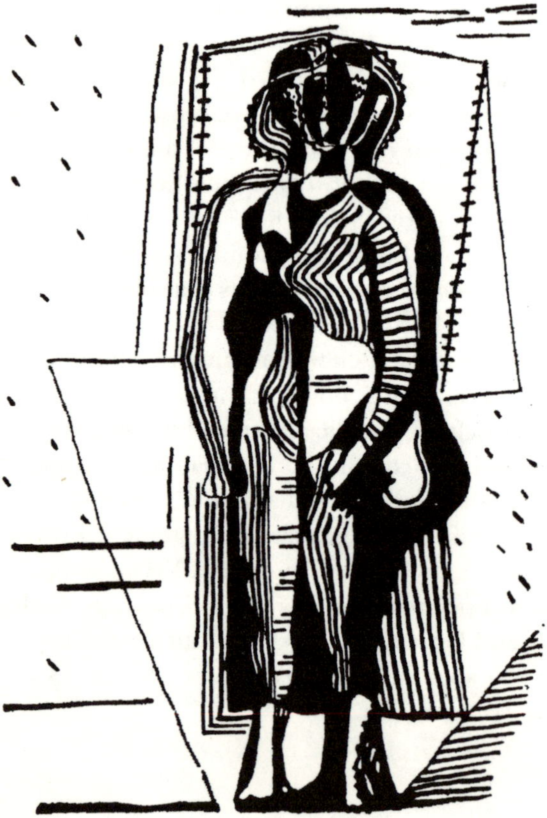

Pablo Picasso, Zeichnung (1926) (Originalgröße 31 x46,7 cm)

wir gewohnt waren, als eines der Kriterien bei der Bildwertung anzulegen. Bilder oder Zeichnungen Picassos wie diese fordern mehr als ein bloßes »Anschauen«, das sich nur auf die Kategorie des »Schönen« gründet, was zumindest im Deutschen zur Genüge aus der bisher unbeachteten Wurzelgemeinschaft der Wörter »schön« und »schauen« hervorgeht. Beide Wörter haben vorwiegend psychischen Charakter: das »Schauen« ist die Realisationsform der Mystik, das »Schöne« ist nur eine, die lichtere, Manifestationsform der Psyche: beide schließen, wenigstens für den Europäer, weitgehend die Konkretisierung der Ganzheit, nicht aber die einer Einheit aus, denn sie sind nur eine partielle Aktivierung beziehungsweise eine Teilform jener Harmonie, die ihrerseits nur ein Teilaspekt der Ganzheit ist. Das bloße Schauen oder das bloße Schönfinden können aus ihrer psychischen Befangenheit und Gebundenheit heraus die Ganzheit höchstens annähern, jedoch kaum realisieren. Aber gerade die Ganzheit kommt in dieser Zeichnung Picassos zum Ausdruck. Sie kommt deshalb zum Ausdruck, weil in ihr erstmals die Zeit in die Darstellung einbezogen ist. Wenn wir diese Zeichnung betrachten, so sehen wir mit *einem* Blick den *ganzen Menschen*: das heißt, wir sehen nicht nur *einen* seiner Aspekte oder seiner möglichen Ansichten, sondern wir sehen *gleichzeitig* seine Frontal-, Seiten- und Rückenansicht, sehen also alle diese verschiedenen Aspekte auf einmal. Um es sehr grob auszudrücken: es ist uns nicht nur das zeitliche Herumgehen um die menschliche Gestalt erspart, wobei wir in einem Nacheinander ihrer verschiedenen Teilansichten gewahr werden, sondern auch die nur in der Vorstellung realisierbare Zusammenfassung der nacheinander gesehenen Teilaspekte. Diese Bündelung der vielfältigen Sehsektoren zu einem Ganzen war bisher nur in der zusammenfassenden Erinnerung der nacheinander gesehenen Aspekte, also nur in der Vorstellung, realisierbar, und diese »Ganzheit« hatte demzufolge nur abstrakten Charakter. Auf dieser Zeichnung jedoch sind der Raum und der Körper *durchsichtig* geworden. Diese Zeichnung ist in diesem Sinne weder unperspektivisch: also nur zweidimensional eine Fläche darstellend, die in sich den Körper befangen hält, noch ist sie perspektivisch: also nur dreidimensional einen Sehsektor aus der »Wirklichkeit« herausschneidend, die den Körper mit atmendem Raum umgibt; sie ist in unserem Sinne aperspektivisch: also *vierdimensional* die Zeit (als Zeit und nicht in ihrer Räumlichung) aufnehmend und sie damit konkretisierend. Damit aber macht sie das Ganze einsehbar, das nur eingesehen werden kann, weil die bisher fehlende Zeitkomponente in ihrer gesteigerten und gültigen Ausdrucksform: der Gegenwart, zum Ausdruck kommt: es ist *nicht mehr der Augenblick* (die, wie der Ausdruck besagt, durch das Sehorgan erblickte, also räumliche Zeit), sondern es ist *die reine Gegenwart, die Quintessenz der Zeit,* die uns aus dieser Zeichnung entgegenleuchtet.

Jeder Körper (insoweit er auch raumhaft aufgefaßt wird) ist nichts anderes als erstarrte, geronnene, dichtgewordene, materialisierte Zeit, die zu ihrer Entfaltung, Formwerdung und Erstarrung des Raumes bedarf, der ein Spannungsfeld darstellt und infolge seiner latenten Energetik Träger der akuten Zeitenergetik ist, wobei sich die beiden energetischen Prinzipien, das latente des Raumes und das akute der Zeit, gegenseitig bedingen. Wenn wir diesen Gedanken – unseren Ausführungen vorausgreifend – schon jetzt formulierten, so geschah es im Hinblick auf die angedeutete Zentralstellung, die wir der Gegenwart einräumen; denn sowohl Raum als auch Zeit sind für unser Wahrnehmungsvermögen als Körper nur in der Gegenwart oder durch Gegenwärtigung existent. Die Gegenwärtigung, die aus der Zeichnung Picassos spricht, wurde in seinem Werke erst möglich, nachdem er in den dreißig ihr voraufgegangenen Schaffensjahren alle jene Zeitstrukturen der Vergangenheit, die in ihm (wie in jedem von uns) latent waren, insofern zu aktualisieren und damit ins Bewußtsein zu heben vermochte, als er in einer Vielfalt einstiger Stile malte. Dieser Vorgang ist bei Picasso ein- und erstmalig: er vermochte genuin Eigenstes aus seinem primitiv-magischen Erbe heraus (seine Negerkunstepoche), aus seinem mythischen Erbe heraus (seine hellenisierend-archaische Epoche), aus seinem klassizistisch, schon rational betonten, formstrengen Erbe heraus (seine Ingres-Epoche) darzustellen; erst diese Leistungen ermöglichten die konkretisierende Temporik, wie wir seine und seiner Zeitgenossen neue Art zu malen nennen möchten; sie macht nicht nur den Grundcharakter dieser einen Zeichnung aus, sondern ist generell gültig. Erst dort, wo die Zeit nicht mehr in ihre drei Phasen: Vergangenheit, Gegenwart und Zukunft, zerfällt, sondern zur reinen Gegenwart wird, ist sie konkret geworden. In dem Maße, in dem Picasso von Anfang an der Gegenwart vorauseilte und damit Zukünftiges in die Gegenwart seines Werkes hereinholte, in dem gleichen Maße hat er das Vergangene gegenwärtig zu machen vermocht: was schon wieder dem Schlaf (des Vergessens) verfallen war und was noch im Schlafe (als einst Kommendes) lag, wurde in die Wachheit der Gegenwart gerufen. Diese zeitliche Ganzheit, im Räumlichen verwirklicht und an einem Körper sichtbar und durchsichtig gemacht, das ist die einzigartige Leistung dieses Temporikers.

Mit dem Ausdruck »*Temporiker*« bezeichnen wir in der Folge jene beiden großen Malergenerationen, die, auf die Klassiker, Romantiker, Naturalisten folgend, seit etwa 1880 und bisher ohne Zweifel unbewußt den Versuch unternahmen, die Zeit zu konkretisieren. Von diesem Gesichts- oder Zeitpunkt aus erhalten alle jene Versuche der verschiedenen Richtungen, der Impressionismus, Expressionismus, Kubismus, Surrealismus, neuerdings der Tachismus und so fort ihre gemeinsame Kennzeichnung als das Ringen um die Konkretisierung und Realisierung der Zeit. Daß diese Versuche eine Unzahl an Fehllösungen enthalten, ist nur zu erklärlich; sie wurden, wie wir gesehen haben, bei dem Suchen nach der Perspektive, der Raumrealisierung, ja auch nicht vermieden. Eine Begleiterscheinung durchaus chaotischen Charakters – und Chaos wird stets dort sichtbar, wo eine bisher geltende Welt sich umzugestalten beginnt – brachte beispielsweise der unumgängliche Versuch mit sich, das Vergangene gegenwärtig zu machen: bei diesem Versuch wurden viele (und nicht zuletzt die Mehrzahl der Surrealisten sowie nachher die der Tachisten) von einer Zeitinflation überschwemmt, die sie verschlang: eine Unmenge abgestorbener Schlacken der Vergangenheit wurde wieder heraufgespült und »belebt«; sie überschwemmte jene, die das auferweckte Erbe nicht zu meistern vermochten – ein Vorgang, der seine Parallele in der Inflation der bewußtwerdenden unbewußten Residuen hat, die durch Freud ausgelöst wurde. Statt der erhofften Ganzheit wurde ihnen eine Scherbenwelt beschert, statt die erhoffte geistige Beherrschung zu erlangen, wurden sie nur noch deutlicher zu Psychisten, womit wir jene Kategorie der heutigen abendländischen Menschheit bezeichnen, die sich aus der Befangenheit in der Psyche, aus der psychischen Befangenheit, nicht lösen kann. Selbst bei Picasso treffen wir auf Bilder, in denen sich dieser Prozeß der chaotisch-psychischen und psychistisch gewordenen Inflation spiegelt. Hätte er nur Bilder und Zeichnungen dieser chaotischen Art geschaffen, so könnten wir ihn nicht mit Gewißheit als einen der größten Temporiker bezeichnen. Aber es gibt, besonders seit der Mitte der dreißiger Jahre, noch eine große Anzahl anderer Bilder Picassos, die das temporische Bemühen einer Lösung entgegenführen. Wir wollen hier nur auf zwei Darstellungsarten eingehen: auf gewisse Porträts und auf eine Landschaft.

Bei den erwähnten Porträts von Picasso denken wir an die vielen seiner Werke (seit etwa 1918), die unter Vernachlässigung jeglicher ästhetischen Rücksichten die Dargestellten gleichzeitig »en face« und »en profil« zeigen. Das, was auf den ersten Blick als Verzerrung erscheint oder als Dislozierung, beispielsweise der Augen, wird zu einer sich ergänzenden Überschneidung zeitlicher Faktoren und räumlicher Sektoren durch das Wagnis, sie auf eine Bildfläche gleichzeitig und gleichräumig zu bannen. Derart erhält das Dargestellte jenen konkreten Ganzheits- und Gegenwarts-Charakter, der nicht aus dem seelisch (psychistisch) betonten Schönheitsverlangen genährt wird, sondern der aus der Konkretisierung der Zeit lebt.

Sowohl auf der Zeichnung (s. S. 58) als auch auf diesen Porträts wird das Unvorstellbare und das eigentlich Undarstellbare evident: die Zeit wird an ihrem eigensten Medium und Produkt, dem Körper (oder dem Kopf), sichtbar, da sie dessen Strukturen durchsichtig macht.

Daß diese Art des temporischen Porträts nicht etwa eine bloße, womöglich »zufällige« Spielerei Picassos darstellt, sondern dem ganz bestimmten Ausdrucksverlangen entspricht, die zum Durchbruch drängende Temporik zu gestalten, geht daraus hervor, daß wir bei Picasso ansatzmäßigen Lösungsversuchen dieser Art schon früh begegnen und daß auch Braque in den gleichen Jahren und unabhängig von Picasso ähnliche Porträts malte.

Hinsichtlich Picassos verweisen wir auf seine beiden Bilder des »Harlekin mit Guitarre« der Jahre 1918 und 1924, dann auf die bei-

Pablo Picasso, »Le chapeau de Paille (Der Strohhut)» (1938).

den großen Gemälde von 1925, »La cage d'oiseau« und »Nature morte à la tête de plâtre«, die Picasso selbst als zwei seiner repräsentativsten Werke dadurch hervorhob, daß sie unter den neunzehn von ihm im Jahre 1935 ausgewählten Werken erscheinen, die in der Publikation von Sabartes abgebildet wurden[9]; ferner verweisen wir auf die zwei Porträts des Jahres 1927, »Buste de femme en rouge« und »Femme«, sowie auf das der »Femme au bonnet rouge« von 1932.

Was Georges Braque angeht, der 1939 sein griechisches Erbe gestaltet, so finden wir erste deutliche Ansätze zu einer temporischen Porträtbehandlung in dem »Frauenkopf« von 1930, dann in der »Sao« von 1931; diese Art der Porträtdarstellung kommt von dem Jahre 1936 ab bei Braque immer stärker und gemeisterter zum Durchbruch.

Hinter diesen Werken steht die gesammelte Kraft der beiden stärksten Maler unserer Zeitepoche, und aus dieser bloßen Aufzählung mag hervorgehen, in welchem Maße sowohl die Temporik als auch der Versuch, sie zu gestalten, die heutigen Äußerungsformen beherrscht. Auch auf dem erwähnten Landschaftsbild Picassos konnten wir jene Durchsichtigmachung des Zeitlichen beobach-

Georges Braque, »Femme au chevalet (Frau vor der Staffelei)» (1936).

ten, welche die angeführten Porträts charakterisiert. Da es von diesem Bild unserem Wissen nach nur eine, jedoch schwer zugängliche Reproduktion gibt, sei der Versuch gewagt, es zu beschreiben.

Als ich im Herbst 1938 Picasso wiedersah, nachdem er, wenn ich mich recht erinnere, aus der Bretagne nach Paris zurückgekehrt war, zeigte er mir die neuen Ölbilder, die er im Sommer jenes Jahres gemalt hatte. (Es war in seinem Atelier im »Quartier Latin«, in dem sein »Guernica« entstanden war und fast den Raum gesprengt hatte.) Unter den neuen Bildern fesselte mich besonders ein kleines Bild, das die Dächerlandschaft eines Dorfes, anscheinend von einem Fenster aus gesehen, darstellte; es war fast flächig gemalt und von keinem zentralen Lichtpunkt beleuchtet: das ganze Bild zeigte nichts als eine Stufung fast platter Dächer vielfältigster Färbungen, die zuerst wie eine bloße Anhäufung von rechteckigen Flächen anmuteten. Ich glaubte zunächst, dieses Bild beschäftige mich vor allem wegen seiner Farbfülle, bis mir allmählich klar wurde, was der wirkliche Grund für mein Interesse war: die räumliche Unfixiertheit der Zeit, die Tatsache, daß *nicht der Augenblick* auf ihm zur Darstellung gelangte, sondern die dauernde, ja ewige Gegenwart. Die Schatten, die dort in den Farbtönen zutage traten, hatten ihren Grund nicht in einem Sonnenstande, der auf einen bestimmten Augenblick zeiträumlich exakt fixierbar gewesen wäre, – so wie man etwa vor einer Landschaft Watteaus oder Poussins genau angeben könnte, daß sie in jenem Park, in jenem Jahr, jenem Monat, an jenem Tage, zu jener Stunde gemalt und, infolge ihrer eindeutigen Schatten, exakt auf jene Sekunde hin fixiert waren: auf jenen einen bestimmten Augenblick im Raum. Die Schatten auf dem Dächerbild Picassos dagegen spiegelten in ihrer Verschiebung und Lagerung den naturhaften Zeitablauf wider: Picasso hatte diese Landschaft gemalt, indem er es wagte, alle Beleuchtungen, alle durch den sich ändernden Sonnenstand ausgelösten zeitlichen Bewegungsmomente (die in der Verschiebung der Farbschatten sichtbar werden) mitzumalen, solange er selber an dem Bilde arbeitete: ein Einfangen der auf die Natur bezogenen Gegenwart, wie es, gerade wegen seiner Einfachheit, kühner nicht denkbar ist. Nicht der raumfixierte, zeiträumlichende Augenblick wird auf diesem einzigartigen Landschaftsbild sichtbar, sondern die in ihrer Ganzheit durchsichtig werdende Gegenwart; die Gegenwart, die in wesentlichen Akzidenzen mit dem übereinstimmt, was wir Ewigkeit nennen: denn beiden ist gemeinsam, daß sie ungreifbar und unvorstellbar sein sollen. Beide aber werden in ihrer Durchsichtigkeit in diesen Bildern Picassos präsent, evident und damit konkretisiert.

Die Aperspektivität, in der sich eine im Entstehen begriffene und daher neue Bewußtseinsstruktur ausdrückt, kann aber in allen ihren Konsequenzen, den negativen wie den positiven, nicht wahrnehmbar gemacht werden, solange nicht gewisse Begriffe, Haltungen und Denkformen, die bis anhin gültig waren und noch sind, näher betrachtet und geklärt werden. Ohne diese Klärungen würden wir in den Fehler verfallen, »Neues« durch »alte« Formulierungen, die dem »Neuen« jedoch inadäquat sind, auszudrücken.

Den Nachweis dafür, daß sich die Konkretisierung der Zeit nicht nur in den bisher erwähnten Beispielen der Malerei vollzieht, sondern außer in den Naturwissenschaften auch in der Literatur, Dichtung, Musik, Plastik und auf vielen anderen Gebieten, werden wir für alle diese Gebiete noch zu erbringen haben; dann nämlich, wenn wir jene für das Verständnis der Aperspektivität notwendigen neuen Formulierungen herausgearbeitet haben werden.

Allein schon die angedeutete Verquickung von Zeit und Psyche, die uneingesehen zu chaotisierender Auswirkung im Surrealismus und später dann im Tachismus kam, machte es deutlich, daß wir den *arationalen* Charakter der aperspektivischen Welt nur dann evident machen können (um nur ein Beispiel unter vielen herauszugreifen), wenn wir Vorkehrungen treffen, daß die Aperspektivität nicht als eine bloße Regression ins Irrationale (der unperspektivischen Welt) oder als weitere Progression ins Rationale (der perspektivischen Welt) interpretiert wird. Der Beharrungstrieb im Menschen verleitet ihn stets dazu, das tatsächlich »Neue« oder zumindest »Neuartige« (!) dort, wo es ihm begegnet, in die Kategorien des Bekannten einzuordnen oder es bestenfalls als dessen kuriose Spielart zu betrachten. Die Etiketten der angebeteten Ismen liegen stets bereit und warten darauf, ein neues Opfer abstempeln zu können. Diesen neuen Götzendienst gilt es zu vermeiden. Das ist schwerer, als es auf den ersten Blick hin scheinen mag.

Nehmen wir nochmals das konkrete Beispiel, das sich aus der Zeit-Psyche-Verquicktheit ergibt: solange nur Teile der Zeit, solange nur bruchstückweise Vergangenheitsfetzen aus dem Unbewußtgewordenen ins Tageslicht heraufgeschleudert werden, führt dieser Ausbruch des Vergangenheitsaspektes der Zeit zu Chaos und Desintegration; in dem Moment aber, da es gelingt, so wie es Picasso gelungen ist, vergangene, also bereits wieder latent gewordene »Zeit« in der ihr entsprechenden Struktur und Ausdrucksform dem Vergessen zu entreißen und sie gestaltet von neuem sichtbar und damit gegenwärtig zu machen, erhellt sich die Bedeutung, die wir für die Bildung der Aperspektivität den vergangenen Zeiten und ihren verschiedenen Bewußtseinsstrukturen zuschreiben müssen. Ihr uneingesehenes Erbe, das jederzeit akut werden kann, droht uns, legten wir uns nicht Rechenschaft davon ab, zu überwältigen und würde uns damit der Möglichkeit berauben, das Neue mit der notwendigen Wachheit und Selbständigkeit wahrzunehmen.

Anmerkungen

1. Guido Freiherr von Kaschnitz-Weinberg, Die Grundlagen der antiken Kunst
2. Origenes, Genesishomilie, I, 7
3. Augustin, Bekenntnisse; Buch XI, Kap.20 und 23
4. Siehe den Bd. IV der »Opere volgari« von L.B.Alberti
5. Leon Battista Alberti, Della Pittura, libro I
6. Eine mögliche etymologische Verwandtschaft dieser beiden Wörter scheint durch die Sprachwissenschaft noch nicht erwiesen. Siehe dazu u.a. die Spekulationen in: Grimm, Deutsches Wörterbuch, XI.Bd. I. Abt., I. Teil, Sp. 538
7. Zitiert nach Erwin Panofsky, »Die Perspektive als symbolische Form»; in: Vorträge der Bibliothek Warburg; Bd.IV
8. Leonardo da Vinci; Tagebücher und Aufzeichnungen; nach den italienischen Handschriften übersetzt und herausgegeben von Theodor Lücke
9. Picasso en su obra (por Jaime Sabartés) Cruz y Raya, Madrid, 1939

3. Europa und Asien

Vergangene Gemeinsamkeit

Die vergangene Gemeinsamkeit Europas mit Asien kommt in einem frühgriechischen Mythos zur Darstellung. Es ist der Mythos vom Raub der Europa durch Zeus, den obersten aller griechischen Götter. Um diesen Raub ausführen zu können, nahm Zeus die Gestalt eines Stieres an, näherte sich der Europa, um sie dann über das Meer nach Kreta zu entführen, wo er sich ihr zu erkennen gab und wo sie Hochzeit hielten. Übrigens enthält der Umstand, daß Zeus die Verkleidung in einen Stier wählte, einen Hinweis darauf, wann ungefähr sich diese symbolisch geschilderte Entführung und Vereinigung abgespielt haben könnte: im Zeitalter oder Weltenmonat, der durch das Sternbild des Stieres geprägt wurde, also wohl um das fünfte bis dritte Jahrtausend v. Chr. Diese Zeitrechnung astralmythologischer Art hat übrigens noch Platon bei seiner Aufteilung des großen Sonnenjahres in die Weltenmonate, deren jeder etwa 2100 Jahre währt, angewandt. Wer aber war jene Europa? Eine der Überlieferungen bezeichnete sie als Tochter des Sonnengottes Apollon, die in Asien lebte; verbreiteter ist die andere Überlieferung, wonach sie die Tochter des phönikischen Königs Agenor gewesen sei, des Herrschers über Kleinasien, dessen Herrschersitz im heutigen Syrien gelegen war. Die Zeit, in der jener Raub geschehen ist, gehört anscheinend noch in die Ausgangsepoche der chthonisch, also erdhaft betonten Kulturen, die dementsprechend nicht nur stark magischen Charakter trugen, sondern soziologisch gesehen noch matriarchales, also mutterrechtliches Gepräge aufwiesen. Wie dem aber auch sei: Europa, die unserem Kontinent und unseren Kulturen den Namen gegeben hat, war eine Asiatin, ein sehr schönes, halbgöttliches Mädchen des Nahen Ostens.

Wir vergessen heute, daß Mythen dieser Art für die Menschen, die in der Zeit vor 500 v. Chr. gelebt haben, Wirklichkeiten waren. Uns scheint das widersinnig und unverbindlich. Für uns gibt es fast nur noch die verstandesmäßig erfaßbare Wirklichkeit in einer Welt, die uns zum Objekt geworden ist. Ganz anders aber verhält es sich für den Menschen jener frühen Jahrtausende, der noch ausschließlich durch die magisch-mythische Bewußtseinsstruktur geprägt war. Seine Wirklichkeit spiegelte sich in der mythischen Bilderwelt; er war noch in die Welt eingebettet; nicht der Verstand in unserem Sinne, also das logische, rationale Denken und Vorstellen bestimmten sein Leben und Verhalten. Seine Welt war also keine verstandesmäßig erfaßte. Die Bilder seiner Mythen hatten Traumcharakter, sie waren keine Begriffe. Für ihn galt die Vernunft, den zergliedernden Verstand kannte er noch nicht, für ihn war er eine nicht vorhandene, unvorstellbare Größe, da er aus dem Anschauen lebte und die Möglichkeit, daß es so etwas wie die Vorstellung gebe, überhaupt keinen Raum in seiner Wirklichkeit hatte, die zudem raumlos war. Diese Raumlosigkeit ist zugleich ein Charakteristikum der Seele, die ja auch nicht verstandesmäßig unterscheidet, sondern nur vernünftig und vernehmend an der großen Allseele (dem Zeitenmeer) und dem Urgrund teilhat, aus denen heraus sie lebt. Die Wirklichkeit der Menschen jener Zeit war, soweit sie noch magisch betont war, vegetativer Art, soweit sie schon mythisch war, war sie seelischer Art.

Nun ist die Grundstruktur des Magischen die unterschiedlose Einheit alles Lebendigen; die Grundstruktur des Mythischen ist die sich ergänzende Polarität des Seelischen. Keine der beiden Grundstrukturen setzt etwas zueinander in einen begrifflichen Gegensatz; ein einprägsames Beispiel dafür ist jene griechische mythische Konzeption, daß Dionysos, der auch der Gott des Feuers ist, zugleich Hades, der Herrscher der Unter- und Nachtwelt, sei. Und es kommt noch eines hinzu: Mythisches »Denken« vollzieht sich in Episoden oder Bildern, die mehr assoziativ ineinander übergehen, die niemals wie unser Denken einen linearen, zielgerichteten Charakter haben, sondern kreisförmig wieder in sich zurückkehren. Das indische Bild vom »Rad des Schicksals«, vom »Kreislauf der Geburten« ist dafür ein Beispiel. In ihm kommt zudem das Grundbedürfnis des mythischen Menschen zum Ausdruck: die dauernde Aufrechterhaltung der Harmonie, des Gleichgewichtes, sowohl im irdischen Bereich, besonders aber in der Beziehung von Himmel, Erde und Mensch, die noch als ungetrennt, polar ein Ganzes bildend, empfunden werden – ein Lebensgefühl, das ja noch bis vor kurzem in China vorherrschend war.

Dies alles ist fürwahr eine merkwürdige, durchaus und zu Recht nicht vorstellbare Wirklichkeit. Daß sie einst existierte und man mit und in ihr leben konnte, darüber besteht nicht der mindeste Zweifel. Uns erscheint sie heute höchst seltsam, und wir können sie fast nicht begreifen. Das ist nur selbstverständlich, weil die Seele weder greifbar noch faßbar ist, jene Seele, die diese Welt prägt und deren Sitz die frühen Griechen ins – Zwerchfell verlegten, also in jene Zone, welche das vegetative magische Zentrum des Menschen, die Bauchhöhle, vom mythischen Zentrum, dem Herzen (das »vernehmen« kann) trennt. Übrigens heißt Zwerchfell auf altgriechisch »phren«; ins Zwerchfell verlegte noch ein Homer den Sitz der Seele; in unserem psychologischen Begriff »Schizophrenie« kehrt dieses Wort als Seelenbegriff wieder.

Wie ein Echo aus dieser magisch-mythischen Welt, die vor allem für uns Europäer mit dem Jahre 500 v. Chr. zu versinken begann und an der unsere Vorfahren, die Griechen sowie deren Vorläufer während mehr als nur einiger Jahrtausende in dem gleichen Maße wie Asien oder das frühe Germanien teilhatten, klingt noch heute das asiatische Weltgefühl zu uns herüber. Verstehen, das wurde schon gesagt, können wir es nicht, wohl aber erfahren. Dies um so mehr, als wir, geben wir uns die Mühe, diese für uns schwierig gewordenen Sachverhalte nachzudenken und ihnen nachzulauschen, entdecken, ja erfahren können, daß Reste dieses magischen und mythischen Weltgefühls auch noch in uns lebendig sind. Der ganze weite Lebensbereich, den wir als irrational bezeichnen, gründet in diesem Weltgefühl, das wir weitgehend durch unsere rationale Weltvorstellung sei es überhöht, sei es gemindert haben.

Die Phänomene, die uns die verschiedenen asiatischen Beispiele gezeigt haben [Beispiele, die Gebser in seinem Buch »Asien lächelt anders« gibt. Anm. d. Hrgs.], entspringen den Resten jenes magischen Welterlebens und jenes mythischen Weltgefühls, daran auch wir einst teilgehabt haben, daran wir uneingestanden noch immer teilhaben, die sich aber in Asien kräftiger erhalten haben als bei uns, die wir sie manchmal etwas überspöttisch als prärationale oder irrationale Unbequemlichkeiten und als uns störende Elemente von uns weisen. Daß wir uns mit diesem Ableugnen weitgehend als Mensch in Frage stellen, wird an der Sackgassen-Situation deutlich, in welcher sich heute, geistig gesehen, der Westen zu befinden scheint: Man verleugnet nicht ungestraft konstituierende Elemente seiner Vergangenheit und seines Menschseins.

Was uns gegensätzlich und unvereinbar im Verhalten des Asiaten erscheint, ist es nur rational gesehen; vom Seelischen her angeschaut, sind Polaritäten wie Tag und Nacht, wie Gestern und Morgen, also alle Gegebenheiten, die einander zu ergänzen vermögen, vereinbar und bilden ein widerspruchsloses Ganzes, das der Unterscheidung nicht bedarf. Die Abwehr der Asiaten, zu unterscheiden, hat zudem seine Wurzel in jenem restlichen magischen Welterleben, dem »all is the same«, dem Leben und Tod keine Gegensätze sind, ein Welterleben, das aus der Einheit mit der Allseele noch nicht erwacht ist, dem folglich die Welt kein gegenständliches Gegenüber sein kann. Daher ist der Asiate auch nicht gezwungen, sich gegen dieses Gegenüber durch sein noch nicht herausgebildetes Ich zu behaupten, weshalb er in der Sippe verharren muß, die gewissermaßen die Körperseele ist, dessen anonymes Glied er darstellt.

Hier, in dieser magischen und mythischen Grundstruktur liegt das Warum, nach dem wir gefragt haben, jenes Warum, das unserem Verständnis Asiens dann dienlich sein kann, wenn wir den Mut aufbringen, die Wirklichkeit und somit die Wirksamkeit dieser Grundstruktur zu akzeptieren. Eigentlich sollte das jedem Abendländer möglich sein, da er es doch so sehr liebt, nur den sogenannten Tatsachen und Sichtbarkeiten Glauben zu schenken, denn das asiatische Denken und Verhalten ist genauso eine Tatsache wie das Warum, das ihnen zugrunde liegt.

Das große Geschehnis um 500 v. Chr.

Noch klarer wird dieser Sachverhalt, wenn wir uns nun jenem Geschehnis zuwenden, das sich um das Jahr 500 v. Chr. in allen damaligen Hochkulturen zugetragen hat. Einerseits scheint es rätselvoll, überraschend, ja atemberaubend, andererseits ist es der Ausgangspunkt dafür, daß sich seit jener Zeit die Wege von West und Ost getrennt haben.

Bei jenem Ereignis, das geistiger Natur ist, handelt es sich um das Heraustreten des damaligen Menschen aus der magisch-mythischen Wirklichkeit. Damals gewann er eine neue Wirklichkeit, die sich aus neu erschlossenen Quellen und Möglichkeiten nährte. Jene Männer, die ihr zum Durchbruch verhalfen, lebten in den beiden Jahrhunderten vor und nach dem Jahre 500 v. Chr. Daß ihr Werk seit langem vorbereitet worden war, so daß sich die Kulmination in jenen zwei Jahrhunderten ergeben konnte, ist nur natürlich. Die Vorbereiter alle aufzuzählen, würde zu weit führen. Es seien deshalb nur kurz die wichtigsten genannt. An erster Stelle stehen die drei großen Gesetzgeber und Bahnbrecher des bewußt ausgeübten Patriarchates: um 1700 v. Chr. der altbabylonische Herrscher Hammurabi, um 1200 v. Chr. der alttestamentarische Moses, um 800 v. Chr. der spartanische König Lykurg. Durch sie wird erstmals dem bislang unbeugsamen, göttlichen oder dämonischen Schicksal das vom Menschen gehandhabte Gesetz entgegengestellt. Zarathustra (geb. 797 v. Chr.) zerreißt dann die Polarität der Welt, indem er die beiden Prinzipien Gut und Böse proklamiert und sie dualistisch in kämpferischen Gegensatz zueinander setzt. Es folgt (um 800 v. Chr.) Homer, der Bahnbrecher kontinuierlicher (epischer) Darstellungskunst, die strukturell zum Ausdruck bringt, daß die Zeit ein Gestern, Heute und Morgen hat, daß sie ein zielgerichteter Ablauf und nicht ewige Wiederkehr ist; zudem findet sich bei ihm in dem Wort, das er seinem Helden in den Mund legt: »*Ich bin* Odysseus« (Odyssee 9,19), das erste Bekenntnis zum Ich innerhalb unseres Kulturkreises, wenn es nicht überhaupt das erste Ich-Bekenntnis ist. Nach ihm schreibt Hesiod (geb. 753 v. Chr.) den für die damalige Zeit tollkühnen Satz: »Moira (die Göttin des Schicksals) ist Herrin und Dienerin der Menschen und Götter *zugleich.*« [1] Gute hundert Jahre später werden von der großen griechischen Dichterin Sappho (geb. 628 v. Chr.) erneut ichhafte Aussagen formuliert. Und dann beginnt die große Aufeinanderfolge jener Männer, die das seit langem Vorbereitete nun gewissermaßen wie im Sprunge Wirklichkeit werden lassen. Einige sind noch am Ende des siebenten Jahrhunderts v. Chr. geboren, ihre Werke wurden jedoch

[1] Zitiert nach Walther Tritsch, Europa und die Nationen; Holle, Darmstadt, 1953; S. 230.

erst im sechsten geschrieben. Und in diesem sechsten und dem darauffolgenden fünften Jahrhundert v. Chr. kam dann die neue, die mentale Wirklichkeit gewissermaßen gleichzeitig in den damaligen Hochkulturen zum Durchbruch: in Griechenland, Indien und China.

Wir wollen jene begnadeten Männer, die der damaligen neuen Wirklichkeit Gestalt gegeben haben, chronologisch der Reihe nach aufzählen, weil dadurch die Weltweite dessen, was durch sie ausgelöst wurde, anschaulicher wird, als wenn wir sie den einzelnen Kulturkreisen nach zusammenfaßten. Wir gehen dabei jeweils von ihrem Geburtsjahr der Zeitrechnung v. Chr. aus:

Jahr	*Griechenland*	*Indien*	*China*	
624	Thales von Milet			Begründer der abendländischen Philosophie, der durch mentales Denken und begriffliche Anstrengung das mythische Bilderdenken überwand;
610	Anaximander			erkannte durch bloßes Denken die Entwicklung der Lebewesen aus einem Urgrunde;
583	Thespis			der zum Begründer der Schauspielkunst und des Dramas wurde, indem er sich als Schauspieler aus dem Chor löste und Zwiesprache mit ihm hielt: ein Schritt weiter im Erwachensprozeß des Ich, da sich damit ein einzelner dem Wir (hier dem Chor) *gegenüber*zustellen wagte;
571			Laotse	der erste chinesische Philosoph, der die alte taoistische Weisheitslehre durch das Ideal des freien, von der Gemeinschaft unabhängigen einzelnen ergänzte;
569		Mahavira		der Begründer der indischen

Jahr	*Griechenland*	*Indien*	*China*	
				Religionslehre des Jainismus, der die Befreiung aus dem Kreislauf von Geburt und Tod durch Erreichung der rein geistigen Natur lehrte, welche aber nur durch mönchisches Leben, womöglich durch den sogenannten »Heiligen Hungertod« erreichbar war;
537		Buddha		der Begründer des Buddhismus, der lehrte, den Kreislauf von Geburt und Tod durch Einkehr ins Nirvana aufzuheben. Lehrform ist erstmalig der Dialog, also eine Zwiesprache zwischen einem Ich und einem Du; bei ihm finden sich erste philsophische und patriarchale Ansätze, ohne daß deshalb das mythische Element, sowenig wie es bei Mahavira der Fall gewesen war, ausgeklammert wurde, welche Ausklammerung sich jedoch bei den griechischen Philosophen bereits abzeichnete;
552			Kung-Futse	der große chinesische Philosoph, der dem Patriarchat in China zum Durchbruch verhalf;
540	Parmenides			der griechische Philosoph, der, obwohl er noch Vergehen und Werden verneinte und bloß die Gegenwart gelten ließ, nur noch das Sein, aber bereits nicht mehr das Nicht-Sein anerkannte; von ihm stammt der Fundamentalsatz: »Dasselbe ist Denken und Sein», durch den unsere abendländische Denkweise geprägt worden ist;

Jahr	*Griechenland*	*Indien*	*China*	
525	Aischylos			der große griechische Dichter, der die Rolle des Chores noch weitgehender reduzierte als Thespis und statt seiner einen zweiten Schauspieler auf die Bühne brachte: der Durchbruch des dualistischen Denkens, das im Diolog der Bühne erstmals Gestalt annahm;
520	Alkmaion von Kroton			der große griechische Arzt, der als erster Sezierungen und Gehirnuntersuchungen vornahm, zwischen sinnlicher Wahrnehmung und Denken unterschied, in der Denkfähigkeit (dem Gedächtnis, der Vorstellung und dem Wissen) die den Menschen auszeichnende Qualität erkannte und den Sitz der Seele aus dem Zwerchfell, der vegetativen Zone, ins Gehirn, der verstandesmäßigen Zone, verlegte.
um 500		die Bhagavadgita		das große indische Weisheit- und Lehrgedicht, dessen Autor wir nicht kennen; in einer seiner Szenen feuert der oberste Gott Krishna seinen königlichen Schüler Arjuna zum Kampf gegen die eigenen Verwandten an; das ist, von uns aus gesehen, ein erster Versuch, das Ich durch Herauslösung aus der Sippe zu erwecken;
482	Herodot			der erste Geschichtsschreiber, der Quellen studierte und die bisherige bloße Annalistik durch folgerichtige zusammenhängende Darstellung ersetzte;

Jahr	*Griechenland*	*Indien*	*China*	
475			Mo-ti	der chinesische Philosoph, der versuchte, das systematische Denken und die logische Beweisführung in die chinesische Philosophie einzufügen;
469	Sokrates			der die Begriffsbeschreibung in die abendländische Philosophie einführte, sich im Dialog lehrend an den einzelnen Mitbürger richtete, durch Denken zu Wahrheit und Tugend führen wollte und die »Unwissenheit« – wozu er auch das bloß mythische Anschauen der Welt rechnen mußte – bekämpfte;
460	Hippokrates			der Begründer der wissenschaftlichen Medizin, der die Heilikunst aus dem religiös-abergläubischen Bereich löste;
455	Demokrit			der griechische Philosoph, der eine Atomlehre und den theoretischen Materialismus begründete (die durch die Kernphysik unseres Jahrhunderts als irrig erkannt wurden); er suchte den Glauben an die Unterwelt und die Furcht vor bösen Geistern durch eine diesseitige Weltvorstellung zu bannen;
427	Platon			der die Philosophie seines Lehrers Sokrates in Dialogform niederschrieb und damit für unsere Art des folgerichtigen, zielenden Denkens das Fundament legte, womit er für das Abendland endgültig die umkreisende mythische Denkform überwand.

Halten wir hier ein. Viele bedeutende Namen konnten nicht erwähnt werden. Trotzdem dürfte eines deutlich geworden sein: In jenen zwei Jahrhunderten vollzog sich in der Menschheit ein weltverändernder Prozeß, der eine neue Art des Denkens, des Bewußtseins und damit eine neuartige Wirklichkeit ins Leben rief. Das Entscheidende an ihm ist, daß er sich gewissermaßen gleichzeitig in Griechenland, Indien und China abspielte. Aber es dürfte vielleicht offensichtlich geworden sein, daß er in Europa zu radikaleren Konsequenzen führte als in Asien, wo er in Indien und China keine so weitgehende Ablösung aus der magisch-mythischen Grundstruktur bewirkte wie bei uns. In jenen zwei Jahrhunderten begannen sich die Wege Europas und Asiens zu trennen.

Zweiter Teil
Einbruch der Zeit

1. Der Einbruch der Zeit

Die Bewußtwerdung der Zeitfreiheit

Der Einbruch der Zeit in unser Bewußtsein: dieses Ereignis ist das große und einzigartige Thema unserer Weltstunde. Es ist ein neues Thema und damit eine neue Aufgabe. Seine Realisierung durch uns bringt eine gänzlich neue Weltwirklichkeit mit sich: eine neue Intensität und ein befreiteres Gewahrwerden, und damit die Überwindung der Wirrnisse, welche vordergründig unserer Welt das Gepräge zu geben scheinen. Wo wir diesem Thema in den Äußerungsformen unseres Lebens begegnen, dort befinden wir uns face en face mit den ersten Manifestationen der aperspektivischen Welt. Diese Manifestationen ersichtlich zu machen, zu ordnen und unserem Bewußtsein einzugewöhnen, dem dient dieser zweite Teil unserer Schrift. Ein neuer Ton, eine neue Form, eine neue Sicht wird dann dort wahrnehmbar werden, wo wir heute nur Schrei und Dissonanz zu hören glauben. Und je todeswütiger sich die Äußerungen unserer zu Ende gehenden Übergangsepoche zu erkennen geben, desto lebenskräftiger werden weltverändernd die neuen in Erscheinung treten. Jeder von uns ist heute, ein jeder auf seine Weise und gleichgültig, wo er sich befindet, nicht nur Zeuge, sondern wir alle sind auch Werkzeuge dessen, was Wirklichkeit wird. Deshalb ist es nötig, daß wir uns die Mittel erarbeiten, mit deren Hilfe wir diese neue Wirklichkeit auch von uns aus mitgestalten können. Ein entscheidender Schritt wird dann getan sein, wenn es uns gelingt, die ganze Komplexität des »Zeit«-Themas zu realisieren; mit andern Worten: wenn es uns gelingt, das Neue derart zu wirklichen, daß wir uns seiner bewußt bedienen können. Was heute geschieht, geschieht noch fast von sich aus, besser: aus dem Sich heraus. Es ist nötig, daß auch das einzelne Ich, daß ein jeder wisse, wie er sich zu verhalten habe, auf daß das Neue, durch ihn mitverantwortet, zu aufbauender Wirkung komme. Dies darzustellen ist die andere Aufgabe dieses zweiten Teiles, die wir nie aus dem Auge verlieren dürfen, auch dann nicht, wenn die Komplexität des Themas und seine Neuartigkeit uns zwingen, langsam und behutsam vorzugehen.

Die Ausführungen des ersten Teiles haben ersichtlich gemacht, daß die »Zeit«, die mental-rationale Zeit, ein teilendes Prinzip und ein Begriff ist. Wenn hier in einem größeren Zusammenhange von »Zeit« gesprochen wird, so ist nicht nur dieser Begriff Zeit gemeint. Trotzdem müssen wir von diesem reduzierten Begriff ausgehen. Unserem bisherigen Bewußtsein liegt von allen möglichen Zeitformen der mental-rationale Zeit-Begriff am nächsten. Erst in dem Augenblick, da wir uns Rechenschaft über ihn ablegen und ihn als Teiler erkennen, wird uns bewußt, daß dieses Fragment des Zeitlichen nur der *Auslöser* einer weltumgestaltenden Bewußtseinsstruktur sein kann. Der Zeitbegriff ist lediglich das Initialthema für die Bewußtwerdung der aperspektivischen Welt. Solange er Geltung hat, gilt noch das Teilende, Zerstörende, Auflösende, das aber teilend, zerstörend und auflösend den Weg für eine neue Wirklichkeit freilegt. Was aber freigelegt wird, das ist mehr als der bloße Begriff »Zeit«: es ist das *Achronon, also das Frei- und Befreitsein von jeder Zeitform; es ist die Zeitfreiheit.*

Unser heutiges Bewußtsein ist ein Bewußtsein des Überganges, ein Bewußtsein, das in einer Mutation begriffen ist und sich neue Realisationsformen zu erschließen beginnt. In dem Augenblick, da es fähig wurde, sich von dem Wesen der »Zeit« Rechenschaft abzulegen, brach die Zeit ein; der Sinn von »einbrechen« ist zweideutig, so wie Stunden des Überganges zweideutig und zweigesichtig sind. Das Wort Einbruch bringt sowohl ein Hereinbrechen der Zeit wie ein Zusammenbrechen der Zeit für unser Bewußtsein zum Ausdruck.

Was ist aber nun die »Zeit«? Sie ist mehr als bloße Uhrenzeit, die bisher als verläßlich und konstant galt. Es ist symptomatisch für unsere Situation, daß heute selbst die Astronomie die Konstanz der Uhrenzeit infolge neuester Forschungen in Frage gestellt sieht. Auf einer Generalversammlung der »Schweizerischen Astronomischen Gesellschaft« in Lausanne (Frühjahr 1951) wurde das Thema behandelt: »Ist die Zeit konstant?« Tatsache ist, daß sie nicht konstant ist, sondern sich pro Jahrhundert um 5,3 Sekunden verlangsamt, wie G. Thiercy, von der Universitätssternwarte Genf, feststellte. Dieses Resultat erhärtet auf seine Weise den Satz von E. Rosenstock-Huessy, daß wir »heute an einer Wissenschaft von der Zeit« laborieren, die aber dem echten Phänomen Zeit allein, wie er hervorhebt, nicht gerecht zu werden vermag.[1] Aber die Uhrenzeit ist nur ein Aspekt eines umfassenderen Phänomens, sie ist der mentale Aspekt jener Weltkomponente, die sich nicht als Raum darstellt, sondern als Grundphänomen des Raumes.

[...] Für das Zeitphänomen hatte die dreidimensionale Vorstellungswelt unserer Väter kein Sensorium. Die Zeitwelt war für sie, die in einer festgefrorenen Raumwelt lebten, jener Störungsfaktor, der durch Nichtbeachtung unterdrückt oder durch Messung in eine räumliche Komponente umgefälscht wurde. Mit anderen Worten: in der perspektivischen Weltvorstellung wurde alles mit räumlichen Maßen gemessen, auch das Phänomen »Zeit« und andere Phänomene, die keine räumlichen (wohl aber räumlichende!) Eigenschaften haben, die jedoch durch ihre Messung in räumliche Komponenten zurechtgebogen wurden. Für den perspektivisch denkenden Menschen hatte die Zeit keinen Qualitätscharakter. Das ist das Ausschlaggebende. Er bediente sich ihrer nur in einem materialisierten und quantitativen Sinne. Er lebte der von Galilei aufgestellten Maxime nach: »Alles messen, was meßbar ist, und alles meßbar machen, was es noch nicht ist.« Diese Maxime, übrigens eine ins Extrem getriebene aristotelische Maxime, war das Leitmotiv des perspektivischen Zeitalters. Messen aber ist Räumlichen, und maßloses Messen führt zu Quantifizierung. Einer der besten Kenner der Theorien und Philosophien jener Epoche, Werner Gent, konnte von eben dieser Epoche sagen, sie habe die Zeit deklassiert und zu einer bloßen Rechnungsgröße degradiert. Noch genauer formuliert: Jene Epoche hat die Zeit zu einer analytischen Maßbeziehung pervertiert und sie materialisiert. Durch diese Materialisierung hat sie im Laufe der letzten Jahrhunderte jenes extrem dualistische Denken heraufbeschworen, das in der Welt nur zwei gegensätzliche und unversöhnliche Komponenten anerkannte: als gültig die meßbaren, beweisbaren Dinge, die rationalen Gegebenheiten der Wissenschaft, als ungültig die nicht meßbaren Phänomene, die irrationalen Un-Gegebenheiten.

Dem perspektivischen Zeitalter war die »Zeit« nichts als ein Maß- bzw. Bezugssystem zwischen zwei Augenblicken. Es ließ die *Zeit als Qualität und Intensität* unberücksichtigt; es sah in ihr nur ein akzidentelles, kein essentielles Phänomen. Die Zeit ist aber ein viel komplexeres Phänomen als nur Uhrenzeit, nur Werkzeug oder Akzidens. Die Tatsache, daß wir selbst heute noch in den Kategorien der räumlich fixierten, dreidimensionalen Vorstellungswelt denken, hindert uns daran, die komplexe Bedeutung dieses Phänomens zu realisieren; und wer es dennoch wagt, wird bestenfalls terminologischer Unklarheit geziehen. Das aber soll uns nicht an der Feststellung hindern, daß die Zeit in Wirklichkeit noch andere wesentliche Erscheinungsformen umfaßt, die nur ihr, nicht aber dem Raume, eignen. Aus der aperspektivischen Weltsicht heraus betrachtet, erscheint sie geradezu als die grundlegende Funktion und von vielfältigster Art. Sie äußert sich, ihrer jeweiligen Manifestationsmöglichkeit und der jeweiligen Bewußtseinsstruktur entsprechend, unter den verschiedensten Aspekten als: Uhrenzeit, Naturzeit, kosmische Zeit oder Sternenzeit; als biologische Dauer, Rhythmus, Metrik; als Mutation, Diskontinuität, Relativität; als vitale Dynamik, psychische Energie (und demzufolge in einem gewissen Sinne als das, was wir »Seele« und »Unbewußtes« nennen), mentales Teilen; sie äußert sich als Einheit von Vergangenheit, Gegenwart und Zukunft; als das Schöpferische, als Einbildungskraft, als Arbeit, selbst als Motorik. Nicht zuletzt aber muß, nach den vitalen, psychischen, biologischen, kosmischen, rationalen, kreativen, soziologischen und technischen Aspekten der Zeit auch ihres physikalisch-geometrischen Aspektes gedacht sein, der die Bezeichnung »vierte Dimension« trägt.

Diese mehr oder weniger unsystematisch erscheinende Aufzählung der Zeitaspekte wird jedem, der sich seiner dreidimensionalen Weltvorstellung nicht begeben kann, unbehaglich sein. Für den Systematiker handelt es sich bei diesen Aspekten um inkongruente Größen. Aber sie sind keine Größen, sondern Elemente oder Funktionalen und somit räumlich weder zu fassen noch einzuordnen. Die anscheinende Systemlosigkeit, die in der Aufzählung zu herrschen scheint, entspricht den genannten Wirklichkeiten. Bewirktes ist systematisch faßbar. Bewirkendes ist nicht systematisch faßbar, es sei denn, wir begingen von neuem den Fehler des perspektivischen Menschen, Intensitäten in räumliche Extensitäten umzufälschen. Wir dürfen aber auch nicht in den anderen Fehler verfallen, das, was soeben als »Bewirktes« bezeichnet wurde, kausal zum »Bewirkenden« in Beziehung setzen zu wollen, viel weniger noch den weiteren möglichen Fehler, beide dualistisch als Gegensätze anzusprechen; das wäre zudem weiteres Systematisieren. Eine nichts als kategoriale Betrachtungsweise kann den genannten Zeitaspekten nicht gerecht werden. Wir haben es bei ihnen keineswegs mit einander inkongruenten Phänomenen zu tun, sondern es handelt sich um verschiedenartige Aspekte und Manifestationsweisen eines Grundphänomens, das keinen Raumcharakter aufweist. Eine vornehmlich kategoriale Wertung ist hier also unangebracht. Jedes kategoriale System ist ein ideelles Ordnungsschema, durch welches reale Erscheinungstatsachen fixiert und absolutiert werden; damit ist es ein dreidimensionales Gerüst und hat statischen und räumlichen Charakter. Kategoriale Systeme reichen zu einer Weltbewältigung nur aus innerhalb der dreidimensionalen Weltvorstellung und Begriffswelt. Man wird sich deshalb daran gewöhnen müssen, auch *akategoriale* Elemente anzuerkennen. Die akategoriale Größe par excellence ist die »Zeit« als Intensität. Ihre bindende, gänzlichende Funktion kommt in ihrer akategorialen Wirksamkeit zum Ausdruck. *Das bisherige bloß kategoriale Denken muß durch die zusätzliche akategoriale Realisationsart ergänzt werden.* Wir werden keinen Schritt in der Bewältigung der Aufgaben, die unserer Epoche gestellt sind, vorwärtskommen, bringen wir nicht den Mut auf, die bloß räumlich konzipierten Systeme dreidimensionaler Art zu überwinden. *Das heißt nicht, sie abschaffen; aber es heißt, sie auf die ihnen eigenen Größen und Extensitäten reduzieren.* Die bisher fälschlich räumlich fixierten Intensitäten benötigen ein eigenes Ordnungskonzept, die Systase.[2] In dem Moment, da es uns gelingt, die akategorialen Wirkungen als solche wahrzunehmen und nicht als kategoriale Fixierungen, wird die Welt durchsichtig, weil wir dann nicht mehr nur an die Raumstruktur der Systeme fixiert sind, sondern sie systatisch (zusammenfügend) zu durchsehen vermögen. Der dergestalt transparent (diaphan) werdende Raum ist dann nicht mehr eine dreidimensionale, sondern bereits eine vierdimensionale Gegebenheit.

Mit dem Begriff »vierdimensional«, besonders aber mit dem Begriff »Vierte Dimension«, als die sich die »Zeit« physikalisch darstellt, ist in gewissem Sinne ein Stichwort gefallen, das für die Klärung unserer Situation als Hilfsbegriff sehr dienlich sein kann. Die Tatsache, daß der große, umfassende und die Welt mitkonstituierende Komplex »Zeit« jahrhundertelang vernachlässigt, ja erkenntnismäßig unterdrückt oder bestenfalls räumlich verfälscht wurde, diese Tatsache hat die folgenschwere Konsequenz gehabt, daß wir der außerordentlichen Bedeutung, die diesem umfassenden Phänomen innewohnt, nicht mehr gewachsen waren, als die modernen Erkenntnisse uns zwangen, es anzuerkennen. Wie jede unterdrückte Kraft – und dies war die »Zeit« so lange, als die Epoche der dreidimensionalen Weltvorstellung huldigte –, wie jede unterdrückte Kraft rächt auch sie sich, wenn sie befreit wird oder sich selbst befreit. Und dann vergewaltigt, beängstigt und verwirrt sie uns zuerst einmal auf eine destruktive Weise, so daß sie uns zu beherrschen scheint, nachdem wir auf Grund generationenlanger Gewöhnung glaubten, sie durch unsere räumlichende Umfälschung meistern und beherrschen zu können. Eingekerkert in unsere dreidimensionale Vorstellungswelt meinten wir, die Zeit sei nichts anderes als ein leicht zu meisterndes Akzidens harmloser Art, das man ungestraft lediglich als Uhrenzeit behandeln dürfe. Da sich nun herausstellt, daß sie sehr viel mehr, ja eine *Weltkonstituante* ist, entspricht die Größe des Schocks, den diese Erkenntnis auslösen muß, nur der Diskrepanz, die zwischen unserer bisherigen Einschätzung der Zeit und ihrer tatsächlichen, immerwährenden Wirkung besteht. Diese Diskrepanz aber ist so groß, daß wir die Tatsache, die Zeit sei mehr als bloße Uhrenzeit, nur allmählich realisieren können.

Als Realität, als Weltkonstituante brach die Zeit eigentlich erst mit der Formulierung des vierdimensionalen Raum-Zeit-Kontinuums durch Einstein, also zu Beginn unseres Jahrhunderts, in unser Bewußtsein ein. Seitdem spielt, bewußt oder unbewußt, das Zeitproblem auch in den Naturwissenschaften eine Hauptrolle, und fast unmerklich, doch von Jahr zu Jahr zunehmend, verändert sich die Auffassung, ja Wertung, die ihr nach den neuen naturwissenschaftlichen Theorien zuteil wird. Einige Hinweise mögen diesen äußerst beachtenswerten, ja grundlegenden Sachverhalt in das ihm gebührende Licht rücken. [...]

Kurz vor der Relativitätstheorie, die ohne die Zeit-Komponente ja undenkbar ist, entsteht die Quantentheorie Plancks. Ihr zufolge wird die Kontinuität des zeitlichen Geschehens, der lineare Ablauf der Zeit zugunsten einzelner Zeitimpulse aufgegeben. Es folgen N. Bohr und die Wellenmechanik de Broglies und Schrödingers, in der das Komplementaritätsprinzip Gültigkeit erhält, demzufolge die Materie, beziehungsweise das Licht gleichwertig sowohl als Korpuskel als auch als Welle aufzufassen ist, womit sie in einem weiteren Sinne gewissermaßen als räumliche Größe, aber auch als zeitliches Element sichtbar ist. In der Biologie bringt die Mutationstheorie von de Vries implicite den Nachweis für den Intensitätswert der Zeit. Relativitätstheorie aber, Quantentheorie, Wellenmechanik und Mutationstheorie sind die vier großen Eckpfeiler unserer heutigen Naturwissenschaften. Darüber hinaus ermöglicht es uns die Tiefenpsychologie, daß wir heute von einem Zeitphänomen sprechen können, das wir als Zeitkondensierung bezeichnen möchten, die im seelischen Geschehen statthat und beispielsweise im Traume manifest wird. Schließlich überbietet sich die Technik darin, mit jedem neuen Jahre den Raum immer mehr durch die Meisterung der Zeit zusammenschrumpfen zu lassen, indem sie große Entfernungen, sei es zeitlich durch Überschallflugzeuge zusammenrückt, sei es diese Entfernungen sogar auf einen angenäherten zeitlichen Nullpunkt reduziert: durch Radio und Fernsehen. Und in der Kunst begegnen wir derselben Präokkupation. In der Malerei zersprengt die hereingelassene Zeit den Bildinhalt oder, freilich in den selteneren Fällen, formt ihn nach neuen Gesetzen, wie etwa bei Juan Gris, Braque und Picasso. In der Dichtung – um von anderen Disziplinen wie der Philosophie ganz zu schweigen –, in der Dichtung, beispielsweise eines Thornton Wilder oder Ferdinand Bruckner, spielen die Szenen und Akte eines Schauspiels quer durch die Uhrenzeit hindurch und verschaffen der echten Zeit »vierdimensionale« Ausdrucksmöglichkeiten. Dort kommt bereits die Zeitfreiheit zum Durchbruch.

Die durchaus neuartigen Grundlagen der neuen wissenschaftlichen Theorien und künstlerischen Ausdrucksmittel basieren alle auf einer Hereinnahme des Zeitfaktors in die bis 1900 starren, materialistischen, räumlich konzipierten Systeme. Jedoch ist die Hereinnahme der Zeit in unsere Realität noch lange nicht vollgültig geschehen. Es handelt sich selbst heute noch weitgehend um Versuche und Bemühungen, das Zeitphänomen zu erfassen. Wir haben diese Versuche als *Temporik* bezeichnet. Diese Versuche haben – und auch dies möge als erster orientierender Hinweis gelten – äußerst verwirrende Resultate gezeitigt. Es ist nicht ohne Bedacht, daß wir von einem *Einbruch der Zeit in unser Bewußtsein* sprechen. Es handelt sich um ein Hereinbrechen der vierten Dimension in die dreidimensionale Welt, das zuerst, im ersten Ansturm, ein *Zerbrechen* dieser dreidimensionalen Welt bewirkt. Die nicht gemeisterte Zeit droht zuerst einmal den Raum und sein Gefüge zu zerbrechen. So zerbrach sie beispielsweise im Dadaismus das Strukturgefüge des Satzes; zerbrach im Expressionismus und Surrealismus den räumlichen Strukturzusammenhang; sprengte die Bildinhalte und zerfetzte die Form. In der Tiefenpsychologie bedroht sie jederzeit das Bewußtsein mit einer Inflation und vermag das Gefüge des rationalen Denkens zu zerstören; in der Biologie verursachte sie, die nicht gemeisterte Zeit, ein flutartiges Anwachsen des sogenannten Lebenstriebes, des »elan vital«, so daß sie eine Zeitlang im extremen Vitalismus zu ersticken drohte. Und selbst in der Physik droht der Einbruch der Zeit die Materie und den Raum endgültig zu zerstören: die Atombombe beweist es. Begnügen wir uns hier vorerst mit diesen Beispielen. Eines jedoch darf bei Behandlung dieses Fragenkomplexes nicht übersehen werden: daß sich bereits in den drei Einstein vorangehenden Generationen Anzeichen nachweisen lassen, die auf den später erfolgenden Einbruch der Zeit in die dreidimensionale Weltvorstellung hindeuten. Durch Einsteins Relativitätstheorie verlor das bisher gültig gewesene kopernikanische Weltsystem seine ausschließliche Bedeutung; an seine Stelle trat das Einsteinsche Raum-Zeit-Kontinuum. Ihm zufolge haben wir uns die Welt nicht mehr kopernikanisch als unendlich und unbegrenzt vorzustellen, sondern als »endlich, aber unbegrenzt«. Mit anderen Worten: wir müssen nicht nur eine gänzlich neue, der bisher gültigen diametral entgegengesetzte Weltsicht realisieren, sondern sind zudem noch gezwungen, uns die neue Komponente, die Zeit, nicht bloß als eine physikalisch-geometrische vierte Dimension, sondern in ihrer ganzen Komplexität bewußt zu machen. Einschränkend kann allerdings gesagt werden, daß dies vorerst nur auf dem physikalischen Gebiete als notwendig erschien. Was aber geschah in den darauffolgenden Jahren? Während immer mehr Zweige der Wissenschaft sich mit dem Zeitfaktor auseinanderzusetzen begannen und teilweise zu einer ganzheitlichen Betrachtung gelangten, während andere bereits mit den vierdimensionalen Gegebenheiten zu arbeiten anfingen und damit äußerst greifbare Resultate, wie beispielsweise die Atomspaltung, bewirkten, verblieb die nicht-wissenschaftliche Welt, und in ihr nicht zuletzt die führenden Staatsmänner und Leiter der Wirtschaft, noch der bereits überholten dreidimensionalen und dualistisch-materialistischen Weltvorstellung verhaftet, handhabte aber bereits vierdimensionale Produkte. Jedoch: sie verwendete diese vierdimensionalen Produkte falsch, nämlich auf eine dreidimensionale Art. Und nun ist die Verwunderung und Bestürzung groß, daß dabei dieses ganze Weltgefüge ins Wanken kam.

»Ich habe keine Zeit« – dieser millionenfache Ausspruch des heutigen Menschen ist symptomatisch. Die »Zeit« ist, wenn auch vorerst noch in negativer Form, seine größte Präokkupation. Der es sagt, glaubt, er spräche von der Uhrenzeit. Wie würde er erschrecken, realisierte er, daß er in dem gleichen Augenblicke auch sagt: »Ich habe keine Seele« und »Ich habe kein Leben«! Dem perspektivischen Menschen war die Zeit noch kein Problem. Erst der zum aperspektivischen Bewußtsein erwachende oder dahin mutierende Mensch unserer Tage stellt stündlich dieses Manko, daß er keine Zeit habe, fest, das ihn fast zur Verzweiflung treibt. Und der Mensch von heute ist haltlos. Der Mensch der magischen Welt war noch im Geheimnis miteinbeschlossen, so wie wir heute noch im Schlaf in die nächtigen Gründe der Welt miteinbezogen sind. Er war noch, so wie wir im Tiefschlaf, *zutiefst* geborgen. Der mythische Mensch war nur noch geborgen; seine Geborgenheit, schon durchsetzt von den Schrecken und Seligkeiten der Träume, war sein Aufgehobensein im polar strukturierten Geschehen. Der mentale Mensch war bereits – zumindest in seinem Wachzustand – aus der Geborgenheit der magischen Welt und aus der Umschlossenheit der mythischen Welt herausgetreten; das erstarkende Ich-Bewußtsein entband ihn weitgehend von den früheren Daseinsformen, und an Stelle der einstigen Geborgenheit trat sein Bemühen um Sicherung. Sie schuf er sich mit Hilfe seines neuen Vermögens: sein richtendes Denken befähigte ihn, jene Weltsysteme zu schaffen, jene »Realitäten« zu ergreifen, die ihm einerseits als Philosopheme, andererseits in der wissenschaftlichen Materie-Erfassung Halt gaben. Die magische Geborgenheit war noch echte Geborgenheit; die mythische war eine bereits in Bewegung geratene, war nur noch Umschlossenheit; die mentale war dem Mentalen gemäß nur noch eine fiktive, nämlich eine ich-gedachte und ins Außen verlegte Sicherheit. Die Fiktivität dieser Sicherheit wurde offensichtlich in dem Moment, da das Mentale defizient wurde und in seine Absterbeform, das Rationale, überging. Seitdem das Ungenügen des Rationalen zutage trat, hat der Mensch die Befürchtung der Ungeborgenheit, des Ausgesetztseins, des »Geworfenseins«. Er glaubt am Rande zu stehen, vor sich das Nihil des Abgrundes, demgegenüber die »Mutigsten« eine verbissen-heroische Zwangshaltung annehmen (wie beispielsweise Ernst Jünger und Jean-Paul Sartre) oder dem sie durch einen Rückzug ins Mythische zu entgehen suchen (wie neuerdings Martin Heidegger). Der Einbruch der Zeit muß auf alle, die noch am Rationalen als einem ausschließlich gültigen Prinzip festhalten, wie eine letzte Zerstörung der Systeme und Vorstellungen wirken, welche sie als gesichert ansahen und durch die sie sich selber zu sichern suchten. Dieser Einbruch der Zeit ist jedoch nur dann zerstörend, wenn wir über die Realisierung dessen, was »Zeit« ist, nicht hinauskommen. Wenn dies jedoch gelingt, dann ist dieser Einbruch nicht ein weiterer und endgültiger Verlust an Geborgenheit und Sicherheit, sondern eine Befreiung.

»Ich habe keine Zeit« – dieses Eingeständnis, diese Ohnmachtserklärung des europäisch-amerikanischen Menschen besagt zudem noch ein Weiteres; denn wer keine Zeit hat, hat auch keinen Raum. Er ist entweder zu Ende – oder er ist frei. Er ist zu Ende, wenn er nicht realisiert, was das Wort »keine Zeit haben« bedeutet: daß nämlich der Raum diese Zeit absorbiert hat; mit anderen Worten, daß alles erstarrt (die Hetze und Gehetztheit [die Leerlauf sind] und das betriebsame Managertum dürfen dabei als die gegensätzliche Manifestation der erwähnten Erstarrung betrachtet werden); oder auf der anderen Seite: daß die »Zeit« den Raum auflöst, weil sie als bloßer Teiler verwendet wird. Er ist jedoch frei, wenn er realisiert, daß »Zeit« alle bisherigen Zeitformen mitmeint. Nur die Anerkennung aller den Menschen mitkonstituierenden Zeitformen entrückt ihn der ausschließlichen Gültigkeit der mentalen Zeitform, schafft Distanz, befähigt ihn zu ihrer Integrierung. Der Mut, die praerationale magische Zeitlosigkeit und die irrationale mythische Zeithaftigkeit neben dem mentalen Zeitbegriff als wirkend anzuerkennen, ermöglicht den Sprung in die arationale Zeitfreiheit. Diese ist nicht etwa ein *Freisein von* früheren Zeitformen, die ja jeden Menschen mitkonstituieren. Sie ist zuerst einmal ein *Freisein zu* ihnen. Aus dieser Art Freisein, die aus der Konkretion und der Integration aller Zeitformen hervorgeht und als solche nur von einem Bewußtsein geleistet werden kann, das sich frei »über« die bisherigen Zeitformen zu stellen vermag, kann eine bewußte Annäherung an den Ursprung erfolgen. Aus ihm, der nicht zeitgebunden ist, mutierten alle uns konstituierenden Zeitformen. Er liegt »vor« aller Zeitlosigkeit, Zeithaftigkeit und Zeit. Dort, wo die vorgegebene, vorbewußte, ursprunghafte Vorzeitlosigkeit im Menschen bewußt wird, steht der Mensch nachholend, bewußt in der gegenwärtigenden Zeitfreiheit. Und wo dies vollzogen wird, da sind Ursprung und Gegenwart durch das intensivierte Bewußtsein integriert. Der Einbruch der Zeit in unser Bewußtsein ist das erste Anzeichen, das Initialthema der heute akuten Bewußtseinsmutation. Diese Mutation wird ihre weltverändernden Früchte tragen, wenn es uns gelingt, den Einbruch der Zeit zu überwinden: das aber kommt dem gleich, was sich als *Gegenwärtigung des Ursprungs* bezeichnen läßt, die dann vollziehbar wird, wenn uns die Erfüllung der Hauptaufgabe der neuen Mutation gelingt: die Bewußtwerdung der Zeitfreiheit, des Achronon.

Anmerkung

1. Eugen Rosenstock-Huessy, Der Atem des Geistes
2. Systase ist die deutsche Form des griechischen συστασις (systasis), das »Zusammenfügen, Zusammenfügung, Verbindung« bedeutet und auch den Sinn von »Sich-Gestalten« und »Ursprung» hat; es bringt einen Vorgang zum Ausdruck, durch den Teilhaftes als Bestandteil sich dem Ganzen einfügt oder ihm eingefügt wird.

2. Das Beispiel der Psychologie

Nach der Totsagung Gottes zu Beginn des vergangenen Jahrhunderts – was geschieht? Die Gott totsagten, was suchen sie jetzt? Den Menschen? Was finden sie? Den Schatten Gottes. So wie Faust den Mephisto findet, seine Nachtseite, so wie Faust, sich vom Vater-Gott und aus der tageshellen Sichtbarkeit des Raumes abwendend, das Reich der Mütter findet, da »kein Ort, noch weniger eine Zeit«[1] ist. Der Unbekannte ging verloren. Nun sucht man das Unbekannte: das Unbewußte.

In dem Moment, da die patriarchalische Welt zerbricht, da das Erbe des »Roi Soleil« von der aufsteigenden Flut der »erwachenden Linken« weggespült wird, da das Bild des himmlischen Vaters verblaßt, da der Mensch, im Anfang des Zeitalters der Maschinen und der Masse, beginnt, aus einem Subjekt zum Objekt zu werden, aus einem handwerklich schöpferischen Individuum zu einem Diener, ja Sklaven der Maschine – in diesem Moment der Verluste, da droht, daß der Mensch sich selber verliert, da beginnt das neue Suchen: selbst nicht mehr Individuum und Person, sucht er das Unpersönliche und Sachliche, und er sucht es »hier« und nicht mehr »drüben«, sucht nicht mehr, was man (wie man damals meinte) nie wissen, sondern nur glauben kann: er sucht das noch nicht Gewußte: das »Unbewußte« .

Die Erforschung des Unbewußten wird zum Generalthema. Sie ist der Beginn der Biologie als Wissenschaft: die Suche nach den unbewußten Gründen des Lebens. Es ist gleichzeitig der Beginn von weiteren fünf Wissenschaften, die das gleiche zu suchen bemüht sind: der Archäologie, der Geologie, der Mythologie, des Okkultismus und der Psychologie. Sie stellen sich, nachdem die Höhen des Himmels verlorengingen, die Aufgabe, »ins Tiefe (zu) schürfen«.[1] Es beginnt jene Wanderung »ins Leere«, in die Mephisto den Faust sendet und in »deren Nichts er das All zu finden hofft«.[1] Die Schichten der Erde – welche Faszination geht von ihnen aus, die Stifter im »Nachsommer« schildert – und die Schichten der Seele werden entdeckt, die mythologischen Schichten früherer Zeiten aufgezeigt. Das Unbekannte, die früher als verhext bezeichneten Phänomene, werden untersucht.

Mit alledem wird plötzlich die Zeit sichtbar; der Mensch wird der Zeit ansichtig. Die Vergangenheit, das Vergessene und das räumlich Unsichtbare, also Latenzen und Intensitäten, nehmen in ihrer gewesenen oder nicht faßbaren Realität Gestalt an. Winckelmann, der Freund Goethes, wird zum Begründer der Archäologie und entdeckt das Vergangene in seiner vergangenen Realität. Die Erde, vor allem die Gebirge, zeigen den Zeitgenossen Goethes in ihren Schichtungen die Zeit. Die Mythologie führt ein Verständnis für die vergangene Zeit herauf. Die Psychologie befaßt sich mit den nicht räumlichen Gegebenheiten der Seele. Der Okkultismus sucht die unsichtbaren Auslöser und Kräfte bisher beargwöhnter Phänomene, deren Erforschung sich Carus, Jung-Stilling, Justinus Kerner neben Brentano zuwenden.

Was durch die Spätscholastik und vor allem durch Leibniz vorbereitet worden war, die Prägung des Phänomens des »Unbewußten«, ist seit Kant, Goethe, den Romantikern und Carus, dem Freunde Goethes, heute das Stichwort der Psychologie, die wie auch die Biologie in ihren Grundzügen von J. O. de Lamettrie skizziert worden war. Zwar wurde seine »Histoire naturelle de l'âme« (1745) noch öffentlich verbrannt, aber seine beiden Schriften von 1748 nehmen dann die Ereignisse voraus: »L'homme machine« die mechanistische Weltauffassung, »L'homme plante« die vergleichende Biologie, so wie Diderot und die Enzyklopädisten die Totsagung Gottes vorbereiten. Das Untergründige drängt nach oben, seit das Obergründige nicht mehr auf den Menschen einwirkt. Dupuis schreibt in den ersten Jahren der Französischen Revolution die erste große Mythologie[2]; etwa gleichzeitig beginnt, wie Goethe 1787 aus Rom berichtet, Karl Philipp Moritz seine »*Götterlehre* der Alten *in rein menschlichem Sinne* zu schreiben«. Das ist anthropozentrische Mythologie. Sie erschien 1791, ein Jahr vor dem Werke Dupuis'. 1800 folgt Noëls großer Ordnungsversuch des Mythologischen, also des rational nicht Faßbaren, sein »Dictionnaire de la Fable«; in Deutschland kommen nach ihm Creuzer und Herder. Die Archäologie beginnt mit Winckelmann und führt gradlinig zur Entdeckung der geschichtlichen Schichten Trojas durch Schliemann.

Die »finstere Galerie«, wie Goethe die Szene überschreibt, welche den Abstieg Faustens ins Reich der Mütter und in das Helenas schildert (Helenas, um derentwillen die Hellenen Troja zerstörten und damit geschichtlich wurden), diese »finstere Galerie« ist Bild der unterirdischen Bergwerksarbeit der Archäologie und Psychologie. Geologische und psychologische Schichten beherrschen die Vorstellungswelt des nur mehr der Erde und dem Menschen sich zuwendenden Forschens. Es sind Schichten, an denen die Zeit offensichtlich wird, die sich im Unbekannten verliert: im Ursprung, der in den Konzepten der »Urphänomene«, der »Urworte«, des »Urgesteins«, der »Urpflanze« Goethes, der selbst noch in den »Archetypen« C. G. Jungs aufscheint; alle diese Konzepte machen zudem die Bemühungen um das Erfassen des Nicht-Räumlichen anschaulich. Nicht mehr der Unbekannte wird theologisch gesucht – das Unbekannte wird anthropologisch erforscht und führt zur Entdeckung der »Zeit« in ihren vielfältigen Manifestationsarten, denen allen das eine gemeinsam ist, daß sie unräumlichen Charakter haben.

Begnügen wir uns mit diesen Hinweisen, die deutlich machen können, in welchem Maße der »Einbruch der Zeit« das Bewußtsein seit der Französischen Revolution umgestaltet. Die von Leonardo ersonnene Technik beginnt damals Wirklichkeit zu werden; die in der Renaissance beginnende Beschäftigung mit der Antike und ihre spielerische Vorausnahme der Archäologie desgleichen; das »Unbewußte« als Wort und Begriff, vorgeformt von der Spätscholastik und von Leibniz, wird zum Kennwort der damals einsetzenden wissenschaftlichen Psychologie. Was sich um 1500 konstelliert, wird um 1800 offensichtlich und kommt auf allen Gebieten der europäischen Wissensgestaltung zum Durchbruch, um gegen 1900 die Bewußtseinsstruktur des Europäers derart umgestaltet zu haben, daß er befähigt ist, die Folgen der sich vollziehenden Mutation durch neuartige Konzepte zum Ausdruck zu bringen, sie dank einer neubeginnenden Realisationsweise bewußt zu formen.

Im Jahre 1900 stellt nicht nur Planck seine Quantentheorie auf; im gleichen Jahre publiziert Sigm. Freud seine »Traumdeutung«; 1902 erfolgt die Formulierung der Mutationstheorie durch de Vries; 1905 veröffentlicht Einstein die erste Relativitätstheorie und

Sigmund Freud die »Vorlesungen zur Einführung in die Psychoanalyse«; 1910 erscheinen R. M. Rilkes »Aufzeichnungen des Malte Laurids Brigge«, jener »innere Roman« betont psychischer Geschehnisse, der ohne den »Werther« Goethes, ohne den psychologischen Roman »Anton Reiser« von K.Ph. Moritz, ohne die psychologisierenden Romane Stendhals und ohne die okkult gefärbten Arbeiten Maeterlincks so wenig denkbar wäre wie das vierdimensionale Raum-Zeit-Kontinuum Einsteins ohne die Funde der n-dimensionalen, nichteuklidischen Geometrie eines Gauß, des Zeitgenossen Goethes, und eines Riemann.

Mit der »Traumdeutung« Freuds erhält die Formulierung des »Unbewußten« Marktwert und dringt umgestaltend in das Allgemeinbewußtsein ein. Ist physikalisch betrachtet die »Uhrenzeit« ein Aspekt der vierten Dimension, so ist psychologisch betrachtet das »Unbewußte« ein anderer Aspekt der vierten Dimension. Seine Erforschung in den letzten Jahrzehnten, besonders durch Freud und dann durch C. G. Jung, führt zu Konsequenzen, die deutlich auf die Wurzel und das Wesen der eigentlichen vierten Dimension, auf das Achronon, die Zeitfreiheit, hinweisen, sobald wir es wagen, von den psychologischen Forschungsergebnissen, mit aller Rücksicht auf ihre Terminologie, die sich auch in ihnen widerspiegelnde aperspektivische Grundströmung unserer Epoche abzulesen.

Zu einer derartigen Ablesung ermächtigen uns die von der Tiefenpsychologie heute bezogenen Positionen und Einstellungen. Sie berücksichtigt

1. die Zeit als intensivierbaren »Faktor« und als Energie;
2. überwindet sie den Dualismus;
3. zeigt sie Ansätze zur Sichtbarmachung beziehungsweise Bewußtwerdung des Vor-Zeithaften und damit der Zeitfreiheit, die nie rational vorstellbar oder irrational erfahrbar, sondern stets nur arational wahrnehmbar ist.

Wenden wir uns sogleich dem Nachweis für die Stichhaltigkeit der aufgezählten drei Punkte zu und halten wir dabei fest, daß wir uns absichtlich auf die Tiefenpsychologie beschränken und somit der empiristischen Psychologie vor der experimentellen den Vorzug geben. Dies ist um so mehr erlaubt, als die pragmatische Richtung letztlich nur ein Seitensproß der experimentellen ist, der zudem eine überbetont materialistische Akzentuierung trägt. Dazu gehören unter anderem der Behaviorismus von John B. Watson, die vornehmlich erbbiologisch fundierte Psychologie, wie die »Schicksalsanalyse« eines L. Szondi, die physiologische, wie die Engramm- und Mneme-Lehre eines R. Semon, die theoretische, wie die »Gestaltpsychologie« eines D. Katz und M. Wertheimer, sowie die existentielle eines L. Binswanger, der die Du-Losigkeit und Du-Fremdheit des Heideggerschen »Daseins« durch den Einbezug des Liebes-Themas überwand. Alle diese Psychologien sind gewissermaßen Zwischenglieder und wertvolle Ergänzungen der Hauptströmung der neuen Psychologie, lassen aber die Ansatzpunkte des neuen Bewußtseins nur bruchstückhaft erkennen. [...]

In der Tiefenpsychologie, das aber heißt in ihren Resultaten und Konzepten der letzten drei bis vier Jahrzehnte, finden sich ansatzmäßig Hinweise auf Charakteristika der neuen aperspektivischen Bewußtseinsstruktur. Und dies ist trotz der erschwerenden Konstellation der Fall, die jeder Psychologie ihr Gepräge gibt und die aus ihrem Gegenstande resultiert. Diese Konstellation besteht in der der Psyche innewohnenden Ambivalenz und Polarität, die natürlicherweise auf alle Aussagen über die Psyche, also auf alle psychologischen Feststellungen, abfärben muß. Indem wir uns von diesem Umstand Rechenschaft ablegen, wird uns eine Ablesung der Hinweise ermöglicht, die den psychologischen Forschungsergebnissen und Theorien gemäß ist; diese Hinweise bestätigen die auch in diesem Wissenszweig zum Durchbruch kommenden aperspektivischen Ansätze.

Zu 1: Das Zeitthema kommt in der neuen Tiefenpsychologie sowohl generell als auch aspektmäßig zur Sprache. Generell insofern, als die Psyche oder das Unbewußte nicht räumlich faßbar sind, aspektmäßig insofern, als das Phänomen Zeit seines Begriffs-Charakters entkleidet und in neuer Aspektierung und Manifestationsart erkennbar wird. Der Mut Sigmund Freuds, den Traum ernst zu nehmen, hat diese beiden Sichtbarwerdungen ermöglicht: die Wirkung des »Unbewußten« wurde wahrnehmbar und in ihr ein Aspekt der Zeit, der das Phänomen Zeit als vielschichtig erkennbar machte. Brachten Einsteins vierte Dimension und die Quantentheorie Plancks die »Entdeckung der Zeit« für die Physik mit sich, so die »Traumdeutung« und die Psychoanalyse ihre Entdeckung für die Psychologie.

Im Traum ist der Ablauf des Geschehens »intensiver« und schneller als im Wachbewußtsein. Diese Feststellung Freuds zeigt, daß die Geschehensfolge im Traume zeitlich komprimiert und kondensiert ist. Die Traumzeit ist eine andere als die Uhrenzeit oder als der Begriff Zeit.

Hinzu kommt, daß die Beschäftigung mit den Träumen unser Verständnis für das Schöpferische, das sich im Moment seiner Manifestation stets als ein spontaner zeitfreier Akt äußert und deutlich qualitative Betonung trägt, geweckt hat.

Schließlich ist das Unbewußte wegen seiner psychischen Raumlosigkeit durchaus zeitbetont; und es ist wirkend. Denn »die Struktur der Psyche ist für Jung nicht statisch, sondern dynamisch«.[3] In diesem Sinne spricht Jung von der »psychischen Energetik«. Diese steht durchaus im Gegensatz zu den früheren Bemühungen um eine Lokalisierung der Psyche und der statischen, raumgefügten Vorstellungswelt der voraufgegangenen Generationen. Dabei ist zu beachten, daß Jungs Energiebegriff nicht im aristotelischen Sinne mißverstanden werde. Er ist kein »gestaltendes Prinzip«, also keine Voraussetzung, sondern ein Resultat der Erfahrung; er ist nicht metaphysisch, sondern empiristisch. Diese psychische Energie »ist nichts anderes als die Intensität des psychischen Vorganges«.[4]

In einer späteren Umschreibung für die Energetik der Seele als eines »Kraftfeldes«, die von G. R. Heyer stammt,[5] kommt die besondere Struktur der psychischen Energie auf eine treffende Art zum Ausdruck. Mag der Begriff »Kraftfeld der Seele« zunächst auch an die physikalische Terminologie erinnern, so ist es doch offensichtlich, daß die Unräumlichkeit der seelischen Konfiguration durch den Feld-Ausdruck betont wird, da das »Feld« eine zweidimensionale Fläche ist und die Zweidimensionalität dem Wesen der Psyche entspricht.

Wenn wir den Mut aufbringen, das »Unbewußte« als ein akategoriales Element zu werten, worauf uns die der Psyche eigene Raumlosigkeit hinweist, so ist die Bewußtwerdung des Unbewußten nichts anderes als die psychische Form des Einbruches der Zeit in unser Bewußtsein. Dieses Unbewußte macht uns zudem noch mit einer Manifestationsart der »Zeit« bekannt, die so lange nicht vollgültig gewertet werden konnte, als man den Traum als Äußerung des Unbewußten nicht ernst nahm. Und diese Manifestationsart zeigt uns auf ihre Weise die in sich bezügliche Relativität der Zeit und ihren damit verbundenen Intensitäts-Charakter. Die Beschäftigung mit dem Unbewußten ist der psychologische Ausdruck der Temporik.

Daß wir gezwungen worden sind, die Gültigkeit des Begriffes (oder Elementes) des Unbewußten wieder in Frage zu stellen, beeinträchtigt den Wert dieser Formulierung keineswegs, sondern ist als Konkretion und Differenzierung eines generellen Phänomens zu werten, das nur allmählich alle seine Aspekte sichtbar werden ließ. Wie im ersten Teile ausgeführt worden ist, darf heute ohne Zweifel nicht mehr vom Unbewußten, sondern nur noch von schwächeren oder stärkeren Bewußtseinsgraden gesprochen werden. Damit wird auch terminologisch das dualistische Denkklischee überwunden, und die psychisch differenzierten Strukturen der verschiedenen Bewußtseinsgrade werden aus dem simplifizierenden Gegensatz unbewußt/bewußt herausgelöst. (Übrigens hat G. R. Heyer unseren Begriff »Bewußtseinsgrad« auf glückliche Weise in »Bewußtseinsfrequenz« umformuliert und ihn dadurch von der ihm noch anhaftenden räumlichen und rationalen Fixiertheit befreit.) [6]

Damit wären wir zu dem weiteren Punkt gekommen:

Zu 2: Die Überwindung des Dualismus in der Psychologie.

Wie schon das Beispiel der Termini unbewußt / bewußt zeigt, die heute noch in der tiefenpsychologischen Fachsprache gang und gäbe sind, scheint, zumindest terminologisch, für das engere Gebiet der Tiefenpsychologie kein Anhaltspunkt für eine Überwindung des Dualismus zu bestehen. Hinzu kommt, daß auch heute noch in den Schriften der hervorragendsten Vertreter dieser Wissenschaft hinsichtlich der Psyche von ihrer »Gegensätzlichkeit« gesprochen wird, wo es sich offensichtlich um Polaritäten handelt. Dieses Festhalten an betont rationalen Begriffen und Ausdrucksweisen ist bei einer Wissenschaft, die sich mit dem Irrationalen, noch dazu empiristisch, befaßt, nur allzu verständlich. Andererseits darf nicht übersehen werden, daß die Einführung des Begriffes

»Ambivalenz« durch Bleuler eine grundsätzlich antidualistische Wandlung der psychologischen Forschung bedeutet.

In der »Komplexen Psychologie« von C. G. Jung gibt sich ein deutliches Bemühen um die Überwindung des Dualismus zu erkennen, das sich von zwei Hauptthesen Jungs ablesen läßt. Die eine ist seine »Individuations-Lehre«, die andere seine »Quaternitäts-Lehre«.

Die Individuations-Lehre strebt im »Selbst« eine Ganzheit der Psyche an. Dieses »Selbst« hat nichts mit dem der indischen Metaphysik zu tun, wie es etwa Paul Brunton in seinen Werken popularisiert. Es ist nur ein »psychologischer Faktor«, in dem sich das Bewußtsein und das Unterbewußte zu einer »psychischen Totalität« zusammenfinden. Das Selbst ist »eine dem bewußten Ich übergeordnete Größe. Es umfaßt nicht nur den bewußten, sondern den unbewußten Psycheteil und ist daher sozusagen eine Persönlichkeit, die wir *auch* sind«.[8]

Jolan Jacobi, neben Toni Wolff die autorisierte Interpretin der »Komplexen Psychologie« von Jung, erläutert diesen Satz: »Wir wissen, daß die unbewußten Vorgänge zum Bewußtsein in einer kompensatorischen Beziehung stehen, nicht in einer ›kontrastierenden‹, weil Unbewußtes und Bewußtsein nicht notwendigerweise gegensätzlich sind. Sie ergänzen sich zum Selbst«. Dieses Selbst steht gewissermaßen in der Mitte zwischen Bewußtsein und Unbewußtem, aber es »ist nicht nur der Mittelpunkt, sondern auch der Umfang, der Bewußtsein und Unbewußtes einschließt; es ist das Zentrum der psychischen Totalität, wie das Ich das Bewußtseinszentrum ist«.[9]

So betrachtet, weist sich die Forderung nach dem »Selbst«, die Jung mit seiner »Individuations-Lehre« aufstellte, als ein Versuch aus, den psychischen Dualismus zu überwinden, der terminologisch noch ein Erbe der materialistisch betonten Psychoanalyse Freuds ist. Daß dieser Versuch in seinen Weiterungen außerordentliche Gefahren birgt, darauf hat auch V. E. v. Gebsattel hingewiesen,[7] da dies »Selbst«, zum »inneren Gott« werdend, nur eine anthropologisierte und psychologisierte Form der Destituierung Gottes ist; an anderem Ort haben wir auf die humanen Gefahren des »Individuations-Prozesses« aufmerksam gemacht.[10] Ähnliche

Gefahren weist auch das Quaternitäts-Postulat Jungs auf. Zugleich ist es jedoch bedeutsam für seinen Versuch, das Rationale zu überwinden, ohne deshalb in das Irrationale zurückzufallen. Ausgangspunkt für die Betonung und Bewußtmachung der »Viertheit« ist bei Jung das Gefühl des Ungenügens hinsichtlich der Trinität. Ihm gelang es, die Trinität zumindest teilweise durch die Quaternität zu verdrängen. Auch dies ist gleichbedeutend mit der Abschaffung Gottes, oder doch zumindest mit der Aufhebung Gottes. In einer der Quaternitäts-Konstellationen, die Jung nachweist, tritt der »Satan« als vierter Aspekt in Erscheinung [11], und in seiner tetralogisch aufgebauten Funktionslehre ist die vierte Funktion stets die »minderwertige«. Die Gefahr besteht, daß dies alles zu verbindlich genommen wird, zu determinierend, doch sollte das wegen der psychischen Konstellation und ihrer psychologischen Interpretation niemals der Fall sein, denn alles Psychologische ist rational gesehen weitgehend unverbindlich. Das geht schon daraus hervor, daß Jung an anderer Stelle [9] statt des »Satans« oder der »minderwertigen Funktion« als vierten Aspekt das weibliche Element setzt und somit die Trinität durch das Weibliche schlechthin erweitert. Dieses Hinausdrängen aus der Trinität ist ohne Zweifel ein Symptom für das Bedürfnis, das dreidimensional Rationale und damit den Dualismus von Gut und Böse zu überwinden. Da sich Jung als Psychologe dabei, was sein gutes Recht ist, auf die psychologische Interpretation beschränkt, wird der heute generelle Impuls, dem Dreidimensionalen zu entwachsen, auf eine höchst einseitige Weise psychologisiert. Aber psychologisch, doch durchaus undogmatisch, wie es der symbolischen Realisationsform der Psyche entspricht, wird damit der Versuch einer Integration gemacht. Und es ist nicht uninteressant, die Interpretation einer der bekanntesten Schülerinnen Jungs zu diesem Sachverhalt zu hören: sie betrifft sowohl die Aufnahme des weiblichen Aspektes in die Trinität und die damit erfolgende Umwandlung in die Quaternität als auch die Quaternität selbst als psychologischen Versuch einer Vierdimensionalität. J. Jacobi schreibt: »Neben die Dreizahl, welche ein Archetypus ist und von alters her, besonders in der christlichen Religion, als ein Symbol des ›reinen abstrakten Geistes‹ angesehen wurde, setzt Jung die Vierzahl als einen für die Psyche höchst bedeutsamen Archetypus.

Mit diesem vierten Glied erhält der ›reine Geist‹ seine ›Körperlichkeit‹ und damit eine der physischen Schöpfung adäquate Erscheinungsform. Die Vier begreift neben dem männlichen Geist, welcher als Vaterprinzip bloß die eine Welthälfte darstellt, auch den weiblichkörperlichen Aspekt in sich als dessen Gegenpol, welcher Ersteren zu einem Ganzen abrundet.«[3] Abgesehen von der mangelnden Unterscheidung zwischen Trias (Dreiheit) und Trinität, abgesehen auch davon, daß Jung den »Satan« oder »Schatten«, beziehungsweise die »minderwertige Funktion« (durchaus im Sinne des »Faust«), und die »Frau« (auch diese im Sinne des »Faust«, nämlich als Helena oder als das »Ewig-Weibliche«, das uns hinanzieht) durch die tetralogische Formulierung oder Symbolisierung als überdeterminierende Elemente gleichsetzt und psychologisch derart eine »Ganzheit« jenseits der Dualismen anstrebt, ist dieser psychologische Versuch zugleich ein Ausbruch aus der dreidimensionalen Vaterwelt. Dabei aber erscheint dieser Ausbruch in einem dem Psychischen entsprechenden ambivalenten Ausdruck, da das »Jenseits des Dualismus« durch die bewußte Rückkehr in die Polarität vollzogen wird, während die rationale Interpretation einen Ausbruch, gewissermaßen nicht nach rückwärts, sondern nach vorwärts, nicht ins mythisch Zweidimensionale, sondern ins integral Vierdimensionale zu leisten versucht. Dieser Ausbruchsversuch steht in einem dem Psychischen eigenen Zwielicht maximaler Ambivalenz. Die Tatsache, daß Jung als Psychologe vor allem dem Psychischen verhaftet bleibt, bringt es mit sich, daß gerade hier die seiner Disziplin innewohnende Schwäche besonders deutlich wird: das Fehlen des Geistigen, das selbst nur psychologisiert wird, beläßt alles in der nichts-als-psychologischen Konfiguration. Die Ganzheit wird lediglich durch Akzeptierung des anderen Poles erreicht, der Mensch wird zu einem bloßen Träger und Bearbeiter der Psyche degradiert, wobei die im »Selbst« erreichte Ganzheit ihn jenseits von Gut und Böse stellen soll, was rational gedacht ist, aber nur psychisch-ambivalent, also unverbindlich vollzogen werden kann. Damit wird zwar nichts im Sinne des Aperspektivischen überwunden, aber psychologisch wird damit der psychologisch undurchführbare Versuch einer Konkretion des Geistigen gewagt, der als solcher symptomatisch für unsere Epoche ist. Das Diaphainon aber, das

Durchscheinende, das an die Polarität so wenig gebunden ist wie an den Dualismus, weil es Dunkel und Helligkeit transparent, diaphan, werden läßt, kann hier im psychologisierten Weltbild als geistiges Element nicht zur Wirkung kommen. Trotzdem bleibt der Versuch Jungs innerhalb der selbst gesetzten Grenzen und Fristen des Psychologischen ein bewundernswertes Konzept und ist »psychologisch gesehen« durchaus als ein entscheidender und äußerst mutiger Schritt zur aperspektivischen Vierdimensionalität zu werten.

Auf diese psychologisierende Vierdimensionalität spielt J. Jacobi an, wenn sie schreibt: »Vielleicht darf es sogar für mehr als nur Zufall gelten, daß in einer Zeitwende, die infolge der umwälzenden Entdeckungen auf dem Gebiete der Naturwissenschaften, vor allem der modernen Physik, im Zeichen des Übergangs vom ›dreidimensionalen Denken‹ zum ›vierdimensionalen‹ steht, die modernste Richtung der Tiefenpsychologie, die Komplexpsychologie C. G. Jungs, den Archetypus der Vier zum zentralen Strukturbegriff ihrer Lehre erkoren hat. So wie es für die moderne Physik notwendig wurde, die Zeit als vierte Dimension einzuführen, um zu einer umfassenden Totalitätsschau gelangen zu können, und so wie sie uns den bekannten drei Raumdimensionen gegenüber als etwas wesentlich Verschiedenes erscheint, ist auch die ›minderwertige‹, die vierte Funktion, das ›ganz Andere‹ und ist ihre Einbeziehung und Differenzierung trotzdem – wie die Berücksichtigung der Zeit in der Physik – zu einer ganzheitlichen Betrachtungsweise des Psychischen unerläßlich. Allein schon durch dies fundamental Neue und den sich daraus ergebenden Folgerungen in der Auffassung und Behandlung der Psyche reiht sich die Jungsche Psychologie jenen Wissenschaften ein, die im Begriff sind, das bisherige Weltbild von Grund auf zu verändern und ein kommendes nach gemeinsamen Leitsätzen neu zu gestalten.«[3]

Mehr noch als die generelle Stichhaltigkeit dieser Ausführungen ist die Bemühung aufschlußreich, die aus ihnen spricht, da der psychologischen Gegebenheiten wegen die Realisierung besonders schwierig ist. In jedem Falle aber können wir hinsichtlich der Tiefenpsychologie feststellen, daß sie den Dualismus nicht nur durch eine Wieder-Erweckung des polaren Bilderdenkens zu meistern sucht, sondern bemüht ist, über die bloß zweidimensionalen Gegebenheiten des Psychischen und die dreidimensionalen des Rationalen hinauszugelangen. Dies könnte ohne Doppelsinnigkeit oder Zweideutigkeit möglich werden, wenn vor allem die Hinweise geistiger Art Berücksichtigung fänden, die direkt oder indirekt die »Komplexe Psychologie« tangieren, wie sie von V. E. v. Gebsattel und Josef Goldbrunner religiös-psychologisch, von A. Mitscherlich psychosomatisch, von G.R. Heyer psychobiologisch und von A. Portmann biologisch formuliert und begründet worden sind.

Obwohl die letzten Forschungen C. G. Jungs nun durchaus nicht auf die Wahrnehmung des Geistigen hinzielen, enthält eines seiner grundlegenden früheren Konzepte, das der »Archetypen«, sehr wohl arationales Gepräge. Um Mißverständnisse auszuschließen, sei aber zuerst das Thema seiner letzten Arbeiten erwähnt, da deren Terminologie Anlaß zu fundamental irrigen Verwechslungen geben könnte. Es handelt sich dabei um jene Phänomene, die Jung in seinem letzten Jahrzehnt untersuchte, und denen das zugrunde liegt, was er als »Synchronizität« bezeichnet hat. Dabei versteht er unter Synchronizität ein als »sinnvoll erlebtes Beieinander oder ein Zugleichstattfinden äußerer oder innerer Vorgänge, die nicht kausal aufeinander bezogen werden können«. Die Beispiel-Sammlung, die Jung für diese Vorgänge parapsychologischer Art (psychophysische Koinzidenzen und ähnliches) bringt,[12] zeigt deutlich, daß es sich bei ihnen um solche magischer Struktur handelt, die demzufolge raumzeitlos sind und ihre »Erklärung« in der Bezüglichkeit des Magischen haben. Das *nicht*-kausale Koinzidieren von Vorgängen, das in dem gründet, was wir als »Vital-Konnex« bezeichnet haben, darf aber keinesfalls mit Akausalität verwechselt werden. Nicht kausal erfaßbare Begebnisse gehören dem Magischen an und sind präratonale Phänomene; akausale Begebnisse dagegen, da sie kausalfrei sind, sind arationaler Art und als solche nicht erlebbar – denn nur das Magische ist erlebbar – sondern höchstens aperspektivisch wahrnehmbar. Das Synchronizitäts-Konzept von C. G. Jung hat – so gesehen – mit Akausalität und Arationalität nichts zu tun, wohl aber macht es uns auf die magische Wirklichkeit praerationaler und präkausaler Phänomene aufmerksam; darin liegt sein Verdienst. Anders steht es mit dem anderen Konzept von C. G. Jung, mit dem potentiell auch seitens der Tiefenpsychologie eine arationale Weltsicht vorbereitet wurde. Dies führt uns:

Zu 3: Die Sichtbarwerdung der arationalen Zeitfreiheit in dem neuen tiefenpsychologischen Konzept der »Archetypen«.

Was sind »Archetypen«, was die der Psyche inhärenten und in Träumen, Phantasien, Mythen, Märchen, Dichtungen und anderen psychisch bedingten Manifestationen nachweisbaren »Urbilder«? Halten wir uns an die verschiedenen Definitionen Jungs sowie an einzelne Kommentare zu diesem bedeutsamen Konzept, die sich bei v. Gebsattel, J. Jacobi und A. Portmann finden. Jung schreibt von ihnen: »Sie repräsentieren oder personifizieren gewisse instinktive Gegebenheiten der primitiven dunklen Psyche, der eigentlichen, aber unsichtbaren *Wurzeln des Bewußtseins.*« Sie sind »eine *ewige Präsenz,* und es ist bloß die Frage, ob das *Bewußtsein* diese *wahrnimmt* oder nicht«. »Ihre Form ist etwa dem Achsensystem des Kristalls zu vergleichen, welches die Kristallbildung in der Mutterlauge gewissermaßen präformiert, ohne selber eine materielle Existenz zu besitzen. Diese Existenz erscheint erst in der Art und Weise des Anschließens von Ionen und dann der Moleküle. Der Archetypus ist ein an sich leeres, formales Element, eine facultas praeformandi oder eine a priori gegebene Möglichkeit der Vorstellungsform... Bezüglich der Bestimmtheit der Form ist der Vergleich mit der Kristallbildung ebenfalls einleuchtend, indem das Achsensystem bloß die stereometrische Struktur, nicht aber die konkrete Gestalt des individuellen Kristalls bestimmt. Dieser kann groß oder klein sein oder endlos variieren... Konstant ist nur das Achsensystem in seinen im Prinzip invariablen geometrischen Verhältnissen. Das gleiche gilt vom Archetypus: er kann im Prinzip benannt werden und besitzt einen invariablen Bedeutungskern, der stets nur im Prinzip, nie aber auch konkret seine Erscheinungsweise bestimmt.«[13] Diese Mannigfaltigkeit der bildmäßigen Erscheinungsform der Archetypen erklärt C. G. Jung an anderer Stelle: »Was ein archetypischer Inhalt immer aussagt, ist zunächst sprachliches Gleichnis. Spricht er von Sonne und identifiziert mit ihr den Löwen, den König, den vom Drachen bewachten Goldschatz und die Lebens- oder ›Gesundheitskraft‹ des Menschen, so ist es weder das Eine noch das Andere, sondern das unbekannte Dritte, das sich mehr oder weniger treffend durch alle diese Gleichnisse ausdrücken läßt, das aber – was für den Intellekt stets ein Ärgernis bleiben wird – unbekannt und unformulierbar bleibt. Der wissenschaftliche Intellekt verfällt aus diesem Grunde immer wieder einmal in aufklärerische Allüren …«[14]

Den Begriff »Archetypus« hat Jung von Augustin entlehnt, ohne deshalb seine religiös-philosophische Definition zu übernehmen, was Paul Schmitt dargetan hat.[15] Dieser Begriff steht zwar der platonischen »Idee« nahe; die Archetypen sind aber im Gegensatz zu ihr nicht Ausdruck höchster Vollkommenheit, die in einer dem Irdischen entrückten Welt der Ewigkeit west, sondern von bipolarer Struktur, gewissermaßen »Organe der Seele«, oder in der Sprache Bergsons »les éternels incréés«. Daß die Archetypen numinos aufgefaßt werden können, hat v. Gebsattel dargetan. Ganz im Gegensatz zu ihm betont C. G. Jung ihre biologisch-neurologische Verankerung, indem er sie anfänglich als auch gengebundene, also als erbbiologische und engrammbedingte (Semon) Faktoren bezeichnet. Diese materialistische Rückversicherung resultiert ohne Zweifel aus der Prägung der Denkweise Jungs, die ja noch in der Epoche des ausgehenden Materialismus erfolgte und von der er sich erst in den letzten Jahrzehnten löste. Wir haben auf diese Bindung und die Notwendigkeit ihrer Überwindung für wesentliche seiner Konzepte an anderem Orte hingewiesen.[16] A. Portmann unterstreicht seinerseits diese Notwendigkeit und spricht in diesem Zusammenhange bedeutsamerweise von den »anfangs [im frühkindlichen Alter] weit offenen Strukturanlagen« und deren »Prägung« durch das Leben selbst, so »daß man im Felde der Psychologie mit der Annahme von Erblichkeit der erschlossenen psychischen Strukturen äußerst vorsichtig umgehen sollte.«[17]

Dieser Befreiung der »Archetypen« von biologischen Bedingtheiten, die ohne Zweifel nur sekundärer und nicht primärer Natur sein können, kommt Jung selbst entgegen, wenn er von »archetypischen Strukturen« spricht. Denn die Archetypen sind auch als »Kraftzentren und Kraftfelder des Unbewußten« aufzufassen. Portmann verweist auf die primär »offenen Anlagen« des Menschen für diese psychische Strukturbildung. Und die von ihm wohl mit Recht geforderte rein deskriptive – statt einer genetischen – Formulierung der »Archetypen« dürfte ein entscheidender Schritt zu der ihnen gemäßen Erfassung darstellen, da durch die primär gegebene, von Portmann nachgewiesene Offenheit der Anlagen die erbbiologische Verhaftetheit dieser Anlagen an die bedingte Stelle gerückt wird, statt bedingend zu sein.

Worauf nun verweisen diese »Archetypen«, diese archetypischen Strukturen?

Daß in der Tiefenpsychologie rein terminologisch von Strukturen gesprochen wird, erlaubt keineswegs, sie mit jenen der Physik oder Biologie in Konkordanz zu setzen. Die Berechtigung, atomare, biologische und archetypisch-psychologische Strukturen als jeweiligen Ausdruck einer gemeinsamen aperspektivischen Sichtbarwerdung anzusehen, gründet nicht in der gleichlautenden Terminologie, sondern in dem, was gewissermaßen »hinter« oder (zeitlich) »vor« dem liegt, was sie umschreiben; sie gründet in dem, worauf sie alle hinweisen: auf einen vorzeithaften und vorraumhaften »Zustand«, der rational und vorstellbar nicht erfaßbar ist, der durch sie aber zur Evidenz wird. Das Evidentwerden dieses Zustandes auf Grund dieser Formulierungen ist aber gleichbedeutend mit dem Bewußtwerden desselben, ein Bewußtwerden, das ihn in die aperspektivische Zeitfreiheit wandelt, wodurch er arational wahrnehmbar wird. Als grundlegend ist dabei zu beachten, daß keiner der genannten Strukturbegriffe ohne das Wirksamwerden der Vierdimensionalität konzipierbar geworden wäre. Mit anderen Worten: daß jeweils der rationale Dualismus überwunden und die »Zeit« in ihrer jeweiligen Manifestationsform in die Betrachtung einbezogen sein mußten: physikalisch sowohl als Uhrenzeit als auch als Wirkungsquantum; biologisch sowohl als induktives Element als auch als variable Intensität; psychologisch sowohl als Wirksamkeit des Unbewußten als auch als psychische Energetik; Formulierungen, die nicht kategoriale Größen, sondern akategoriale Elemente bezeichnen, welche systatisch die einzelnen dreidimensionalen Systeme zur Vierdimensionalität überdeterminieren und somit das rational nicht mehr Vorstellbare auf arationale Art wahrnehmbar machen.

Das Konzept der »Archetypen« darf als ein Manifestationsansatz der aperspektivischen Welt gewertet werden, da es trotz seiner psychologischen Determiniertheit letztlich apsychisch ist. Nur die Erscheinungsformen der »Archetypen« sind psychische Phänomene, die, indem sie sich gleichnishaft oder bildnismäßig äußern, irrationalen Charakter tragen. Die »Archetypen« selbst, beziehungsweise die »archetypischen Strukturen«, sind von »ewiger Präsenz«; das aber besagt, daß sie zeitfrei sind; sie sind von der Art, daß sie, »ohne selber eine materielle Existenz zu besitzen«, doch das Psychische präformieren. Dies aber bedeutet, daß sie nicht nur immateriell sind, wie das Psychische es von sich aus bereits ist, sondern daß sie amateriell sind und als »präformierend« der Psyche achronisch und amateriell »zugrunde« liegen; sie sind zudem »für den Intellekt [die Ratio] ... unbekannt und unformulierbar«, was auch besagt, daß sie nicht bloß irrational sind, sondern arational, sofern ihre Unbegreifbarkeit und Unvorstellbarkeit uns nicht hindert, sie in die Wahrnehmbarkeit zu heben.

Diese »archetypischen Strukturen« sind im gleichen Maße wie die »atomaren Strukturen« oder wie die »biologischen Strukturen« unanschaulich und unvorstellbar. Sie verweisen uns alle auf einen rational nicht realisierbaren »Zustand«, der vor Zeit und Raum, ja selbst vor der Raumzeitlosigkeit liegt. Dies ist dann der Fall, wenn wir die archetypischen »Strukturen« als symbolische Sichtbarwerdungen des noch vor der Raumzeitlosigkeit »Liegenden« betrachten; dann scheint, so wahrgenommen, in ihnen das Achronon auf, und es wird deutlich, daß sie als symbolischer Ausdruck wie jedes Symbol prätellurischen Ursprunges sind. Mit dem Konzept der »archetypischen Strukturen« ist dieser Zustand, den C.F. von Weizsäcker von der Physik aus und A. Portmann mit der »Innerlichkeit« von der Biologie aus erhellten, auch durch die Psychologie aufgedeckt worden. Damit ist die bloße Irrationalität und die bloße Rationalität in die Arationalität überdeterminiert worden. Auch von der psychologischen Forschung aus wird die Zeitfreiheit, das Achronon, wahrnehmbar.

Anmerkungen

1. Goethe, Faust, II. Teil, 1. Akt, Szene: »Finstere Galerie«.
2. C.-F. Dupuis, Origine de tous les cultes ou religion universelle; Agasse, Paris, 1792; 10 vols.
3. J. Jakobi, Die Psychologie von C. G. Jung
4. C. G. Jung, Über die Energetik der Seele
5. G. R. Heyer, Vom Kraftfeld der Seele
6. G. R. Heyer, Seelenkunde im Umbruch der Zeit
7. V. E. v. Gebsattel, Christentum und Humanismus
8. C. G. Jung, Die Beziehung zwischen dem Ich und dem Unbewußten
9. C. G. Jung, Psychologie und Alchemie
10. Jean Gebser, Abendländische Wandlung (Gesamtausgabe, Novalis Verlag, Bd. I)
11. C. G. Jung, Symbolik des Geistes
12. C. G. Jung, Über Synchronizität, in: »Eranos-Jahrbuch 1951«, Bd. XX. Ferner: Jung/Pauli, Naturerklärung und Psyche
13. C. G. Jung, Die psychologischen Aspekte des Mutterarchetypus; in: »Eranos-Jahrbuch 1944«, Band XII
14. C. G. Jung/Karl Kerény, Das göttliche Kind
15. Paul Schmitt, Archetypisches bei Augustin und Goethe, in »Eranos-Jahbuch 1944«, Band XII
16. Jean Gebser, Abendländische Wandlung (Gesamtausgabe, Novalis Verlag, Bd. I)
17. Adolf Portmann, Das Problem der Urbilder in biologischer Sicht, in »Eranos-Jahrbuch, Sonderband (XVII)«

3. Zeit zählt in Asien nicht

Kein Gestern, kein Morgen

Es war in Neu-Delhi, wo ich von einer, wie mir scheint, beachtenswerten Tatsache Kenntnis erhielt. In einem Gespräch über das Zeitproblem in Indien, das ich dort mit dem Direktor des umsichtig, taktvoll und kenntnisreich geleiteten »Deutschen Kulturinstitutes«, Herrn Dr. Heimo Rau, führen konnte, wurde ich auf eine Eigenart des Hindi aufmerksam gemacht. Hindi ist der Sammelname für alle nordindischen Dialekte, von denen Westhindi die wichtigste Sprache Nordindiens und Indiens überhaupt ist. Das Hindi kennt statt unserer drei Begriffe »Gestern», »Heute« und »Morgen« nur deren zwei (sofern man diese beiden als Begriffe bezeichnen darf): »aj« (das »aadsch« ausgesprochen wird) und »kal« (das mit einem sehr kurzen »a« gesprochen wird, etwa wie im Englischen »up», weshalb auch die englische Umschrift für dieses Wort »kul« ist). »Aj« bedeutet »heute»; »kal« bedeutet sowohl »gestern« als auch »morgen». Um zum Ausdruck zu bringen, daß etwas gestern geschehen sei oder morgen geschehen werde, muß man »kal« mit einem Verbum in Vergangenheits- oder in der Zukunftsform koppeln. Ein »Gestern« als solches oder ein »Morgen« als solches gibt es nicht; sie sind ununterschieden »kal», welches, wollten wir seinen Sinn wiedergeben, als »zeitloses Zeitenmeer« aufgefaßt werden müßte, als ein unterschiedsloser Zeitozean, aus dem ein dauernd flüchtiger, winziger Punkt, das aj, herauftaucht. Dieser Unterscheidungsmangel scheint uns zumindest merkwürdig. Wir vergessen jedoch, daß auch wir ein dem »kal« ähnliches Wort besitzen: »einst». Mit ihm wird sowohl Vergangenes als auch Zukünftiges zum Ausdruck gebracht: »Wir waren einst in Rom»; aber: »Einst wird kommen der Tag«; ein bloßes »Einst« ist jedoch genauso unpräzis wie das bloße »kal«, ist unterschiedslos »Gestern« und »Morgen»; in unserer begrifflichen Sprache ist »das Einst« (als Substantiv) eine Unmöglichkeit.

Mit dem »kal»-Beispiel kommen wir einer Antwort auf die

Frage, warum der indische Arbeiter die Zeit nicht kennt und somit keinen Begriff davon hat, was wir Zeit nennen, schon näher. Wenn eine Sprache für etwas kein Wort hat, so ist dies ein Hinweis darauf, daß der »Gegenstand», für dessen Bezeichnung das Wort fehlt, nicht existiert. Jedenfalls existiert er nicht für jenen (oder für das Bewußtsein desjenigen), der die betreffende Sprache spricht.

In Pondicherry (Südindien) machte ich eine ähnliche Erfahrung, wie sie mir Mr. Tata und später dann andere Industrielle geschildert hatten. Dort hören die Rikscha-Männer zu arbeiten auf, sobald sie genügend für das »Heute« verdient haben; das kann bereits am frühen Vormittag sein. Daß es ein »Morgen« gibt, kommt ihnen gar nicht in den Sinn; da es inexistent ist, braucht, ja kann man überhaupt nicht dafür sorgen.

Für uns ist es unmöglich, so zu denken, und es fällt uns schwer, diese, übrigens nicht nur in Indien anzutreffende Denkweise zu verstehen. Dabei vergessen wir jedoch, daß wir, wenn auch in vielleicht abgeschwächter Form, diesem Verhalten selbst in Europa begegnen können.

Eine andalusische Parallele

Als ich, es war in den Jahren vor dem Zweiten Weltkrieg, in Andalusien lebte, lernte ich die Verzweiflung der Gutsverwalter während der Erntezeit kennen. Die Arbeitszeit der Tagelöhner geht dort »de sol a sol», sie dauert »von Sonnenaufgang bis Sonnenuntergang»; aber sie wurde nicht eingehalten. Da im Akkord gearbeitet werden muß, lichten sich von Mittag ab die Reihen derer, die die Ernte einbringen. Sobald ein Tagelöhner so viel verdient hat, wie er für den Tag, das Heute, zum Leben benötigt, läßt er sich den Lohn auszahlen und geht nach Hause. Was mit der Ernte geschieht, ist ihm gleichgültig.

Ein derartiges Verhalten beschränkt sich übrigens in Europa nicht nur auf Andalusien. Es findet sich auch in Süditalien, sogar im schweizerischen Tessin. Und was die Länder anderer Kontinente anbetrifft, so sei, hinsichtlich dieser Einstellung der Tagelöhner und Arbeiter, beispielsweise an jene Mittel- und Südamerikas erinnert, wo ich in den verschiedensten Staaten dem gleichen Verhalten begegnet bin.

Diese Parallelen enthalten einen ersten Hinweis auf einen ungemein wichtigen Tatbestand: daß nämlich all das, was wir heute als asiatische Wesensart bezeichnen, nur mit Vorsicht auf Asien beschränkt werden darf. Das sogenannte asiatische Denken und Verhalten sind Ausdrucksformen allgemein menschlicher Art; sie sind bei uns durch andere Bewußtseinsfähigkeiten verschüttet worden, aber sie sind anlagemäßig auch in uns vorhanden; wir vergaßen sie, ja wir mußten sie vergessen: Das war die Voraussetzung dafür, daß sich andere Fähigkeiten entwickeln konnten, die auch andere Denk- und Verhaltensformen mit sich brachten. Das Vergessene aber, begegnen wir ihm wieder, scheint uns dann erschreckend fremdartig, weil es durch unser betont rationales Verstehen verdrängt wurde und uns dadurch allmählich unverständlich geworden ist.

Diese südeuropäischen Parallelen sollen aber keinesfalls den Eindruck aufkommen lassen, es sei die asiatische Verhaltensart hinter der europäischen zurückgeblieben, beziehungsweise wir seien »weiter« als Asien, weil sich bei uns höchstens Tagelöhner und Handlanger so verhalten; das trifft auch für Asien zu, und der zahlenmäßige größere Prozentsatz dieser Bevölkerungsschicht in Asien darf nicht zu dem beliebten quantitativen Fehlschluß verleiten, daß diese Mehrheit ausschlaggebend sei. Asien hat andere gemeinsame, allgemeinmenschliche Fähigkeiten als wir teils bewahrt, teils stärker zur Blüte gebracht.

Der Gepäckträger von Nagoya

Auch in Japan konnte ich das Abgleiten in das Zeitenmeer oft beobachten. Als ich einmal, von Ise kommend, in Nagoya umsteigen mußte, um nach Tokio zurückzufahren, nahm ich einen Gepäckträger. Auf dem Bahnsteig des Tokioer Zuges hatten wir etwa eine halbe Stunde zu warten. Solche Wartezeiten sind ungemein unterhaltsam; ich stand herum und beobachtete. Der japanische Gepäckträger hockte sich vor die zwei, drei kleinen Gepäckstücke. Dann ging etwas Merkwürdiges in seinem Gesicht vor sich: sein Blick wurde gewissermaßen wesenlos, er wurde vollständig ausdruckslos; dieser Mann schien nicht etwa zu träumen, sondern mit offenen Augen zu schlafen; er war in den seelischen Zeitozean hinabgetaucht; ich konnte ihn, so eindringlich ich wollte, ansehen, er spürte es nicht, er war gewissermaßen gar nicht da. Als der Zug einfuhr, kehrte er ins Heute zurück; die Augen sahen wieder die Welt, er war wieder ins Wachbewußtsein heraufgetaucht.

Wahrscheinlich ist es sogar schon zu weit gegangen, hier einem Wachbewußtsein zu sprechen, weil man denjenigen Bewußtseinsgrad, der ihm eigen war und der sein Leben bestimmte, besser als ein noch traumbefangenes Bewußtsein bezeichnen sollte. Daß jedoch, wie man vielleicht vermuten könnte, das geschilderte Abgleiten in das Schlafbewußtsein etwas mit Meditation zu tun habe, dürfte kaum zutreffen. Es war ein entspanntes Absinken unkontrollierter Art in die Vegetativzone, wodurch jedes zeitfixierte Warten annulliert wurde, das als solches für ihn nur eine Anforderung der technisierten Welt ist, die es nach Möglichkeit auszuschalten gilt, da die durch diese Wirklichkeit gesetzten Termine (hier die Zugeinfahrt) eine Nebensächlichkeit sind.

Einen Ansatz zu einem Zeitdenken unserer Art finden wir in Asien bei jenen, die eine europäische Sprache sprechen. Also vornehmlich bei den Gebildeten und weniger ausgeprägt bei denen, die Diener oder Angestellte von Europäern sind oder waren oder die als Händler einen stärkeren Kontakt mit Europäern oder Amerikanern haben. In Indien ist die englische Sprache vorherrschend, die in gebildeten Kreisen weitgehend, neben dem Hindi, die Umgangssprache ist. Aber selbst für diese Inder ist die Eingewöhnung in unseren Zeitbegriff noch nicht restlos vollzogen. Von uns aus gesehen sind sie immer einem Abgleiten in die gestaltlose und zeitlose Allseele ausgesetzt. Selbst für sie ist die Zeit in unserem Sinn lediglich im Umgang mit zeitfixierten technischen Gegebenheiten nicht etwa existent, sondern sie muß, wohl oder übel, in unserem Sinne gehandhabt werden, wenn technische Einrichtungen (beispielsweise Eisenbahn- und Flugverkehr, die an Fahrpläne gebunden sind) funktionieren oder wenn der notwendige technisch-industrielle Aufbau erreicht werden sollen. So bemüht sich beispielsweise die indische Regierung, dem Volk das für die Technisierung notwendige Verständnis für die Zeit als Größe, die man handhaben, mit der man rechnen und dank deren man planen kann, nahezubringen. Dafür ein Beispiel:

»Plane Dein Leben«

Auf dem Connaught Place, dem riesengroßen, kreisförmigen Hauptplatz von Neu-Delhi, sah ich große Plakate, welche Inschriften tragen: »Plan your future« oder »Plan your life«, »Plan your holidays«, »Plan your pleasures« (Plane Deine Zukunft … Dein Leben … Deine Ferien … Deine Vergnügungen). Auch in den Zeitungen las ich Inserate dieser Planungspropaganda.

Ob eine solche Propaganda auf den Mann von der Straße Einfluß hat, scheint fraglich; einerseits weil Englisch nicht seine Muttersprache ist und er sie nur unvollkommen beherrscht, andererseits weil das Wort »planen« für ihn durchaus nicht den zielgerichteten Akzent trägt und somit zeitfixierend ist wie bei uns, sondern zum Phantasieren aufzufordern scheint, zu unverbindlichen Träumereien, denen sich der Inder in seiner Fabulierlust gern hingibt.

Übrigens ist diese Fabulierlust, die sich auch bei anderen Gelegenheiten auswirkt, der Grund für viele Mißverständnisse zwischen Europäern und Amerikanern einerseits und Indern andererseits. Sie ist der Anlaß für jenes von uns als Unzuverlässigkeit bewertete Verhalten, das sich auf die verschiedenste Art äußert: darin, daß Abmachungen nicht eingehalten oder widersprüchliche Auskünfte gegeben werden. Sie ist auch der Grund, warum wir oft dazu neigen, den Inder der Lügenhaftigkeit zu zeihen, wenn er sogar nach geschäftlichen Abmachungen tags darauf eine andere Auffassung vertritt. Dies ist durchaus nicht immer schlechter Wille noch Lüge noch Arglist, sondern Ausdruck dessen, daß das, was im eigentlich gar nicht vorhandenen Gestern gesagt wurde, bedeutungslos ist; heute erfindet, fabuliert, denkt oder sieht man es anders.

Hinzu kommt, daß der Inder gewissermaßen noch in einem Traumbewußtsein lebt. Damit kann man dieses uns als Unverläßlichkeit anmutende Verhalten, das der Fabulierlust entspringt, oft erklären. Das schließt, so widersprüchlich es scheinen mag, nicht aus, daß er nicht seinen Vorteil bestens wahrzunehmen wüßte, obwohl ihm unsere Art des Wachbewußtseins weitgehend fehlt. Fabulieren ist ja eine Art Traum-Erzählung spielerischen und unverbindlichen Charakters, da dadurch keine feste Stellungnahme erfolgt. Wir dagegen wünschen zumeist ein klares »Entweder-Oder», das für uns im Westen endgültig durch Christus zur Lebens- und Denkregel geworden ist: »Eure Rede aber sei: ja, ja; nein, nein. Was darüber ist, das ist vom Übel« (Matth. 5,37). Zudem verstößt eine solche Aufforderung zur Alternative gegen die indische Grundeinstellung, die alles als gleichgültig betrachtet, der »alles das Gleiche ist«: Diese Gleichgültigkeit wird übrigens unsererseits oft bewundernd, aber fälschlicherweise als Toleranz ausgelegt.

Zum Planen gehört die zweckfreudige Handhabung der Zeit, mithin die Kenntnis der Zeit sowie die Einhaltung der geplanten Termine, welche Zielsetzungen sind, die in dieser Art für die meisten Asiaten unbekannten Größen gleichen. Dieser Mangel an Zeitverständnis bringt für die Volkswirtschaft der asiatischen Länder noch eine weitere Belastung. Das Sparen in unserem Sinne ist dort unbekannt. Daß man Geld dadurch vermehren könne, indem man Zeit als zählenden Faktor (Zinsen) arbeiten läßt, ist, eben weil Zeit nicht zählt, für die große Masse unvorstellbar. (Das, was wir auch im Osten als Wucherzinsen bezeichnen, sind nicht so sehr überhöhte Zinsen, bei denen der Zeitfaktor eine Rolle spielt, sondern unter anderem skrupellose Machenschaften, durch die der Ausleiher billig zu verpfändetem Besitz zu kommen hofft.) Hinzu kommt, was das Sparen anbelangt, das Mißtrauen gegen öffentliche Institutionen in allen jenen Ländern, die mehr dem Namen nach als de facto eine Demokratie sind. Ob in Pakistan, Burma, Thailand oder wo auch immer in Vorder- und Hinterindien erfolgen Lebenssicherung und Machtanhäufung durch Hortung von Gold und anderen Wertobjekten, vor allem von Juwelen. Der Tresor dafür sind Kästen, Flaschen und andere Behälter, die nächtens auf dem Feld vergraben werden. Nur in Japan wird gespart. Seit dem Jahre 1961 sind Konten sehr stark angewachsen; aber dort herrscht auch kein Mißtrauen gegen die Obrigkeit, denn es gibt seit alters her eine sowohl städtische als auch feudale genossenschaftliche Tradition verbindlichen Charakters; sie ist übrigens einer der Gründe für die schnelle und anhaltende wirtschaftliche Entwicklung Japans. Ob dieser Spareifer der Japaner darauf beruht, daß sie dabei den Zeitfaktor in Rechnung stellen, ist allerdings zu bezweifeln. Erdbeben und Taifune, welche auch Erdverstecke bedrohen, sowie die Angst vor dem Feuer dürften da ausschlaggebender sein. Da die dünnwandigen japanischen Häuser aus Holz gebaut sind, sitzt diese Angst vor dem Feuer natürlicherweise zutiefst in jedem Japaner. Die meisten größeren Tempelanlagen, die ja desgleichen ausnahmslos Holzbauten sind, verfügen deshalb über ein in Mauerwerk errichtetes Schatzhaus. Auch Banken sind Steinbauten, dort liegt das Ersparte am sichersten, um so mehr, als bis heute noch kein Argwohn gegenüber wirtschaftlichen Institutionen besteht.

Nicht nur die Haltung des Gepäckträgers von Nagoya spricht für die dargelegte Einstellung der Asiaten zur Zeit; man kann sie beim Japaner auch in jedem Eisenbahnzug, in jeder Vorortbahn, jeder Untergrundbahn, jeder Straßenbahn beobachten. Wie wenig weit die Umstellung von kosmisch-seelischer, unzählbarer »Zeit« auf unsere zählbare Uhrenzeit zumindest in den breiten Volksschichten Japans gedieh, obwohl es das am stärksten industrialisierte Land Ostasiens ist, mag ein weiteres Beispiel zeigen:

Die Taxis von Tokio

Als ich in Kioto war, streikten dort fast alle Taxichauffeure. Nach einigen Tagen erfuhr ich den Grund. Ihr Lohn richtete sich nach der Anzahl der täglich gefahrenen Kilometer, und sie forderten die Erhöhung der ihnen auszuzahlenden Kilometergelder.

Als ich nach Tokio zurückgekehrt war, machte ich eine überraschende Feststellung. Ich fuhr des öfteren von meinem Hotel im Zentrum der Stadt in ein Außenviertel, wo Freunde von mir wohnten. Der Fahrpreis war stets derselbe, er unterlag nur sehr geringfügigen Abweichungen, die durch kleine Varianten der durchfahrenen Route bedingt waren. Während der verkehrsarmen Zeit dauerte die Fahrt knapp eine halbe Stunde. Als ich einmal in einer der Hauptverkehrszeiten hinausfuhr, benötigten wir weit über eine Stunde. Das Verhältnis der jeweils aufgewandten Zeit war etwa eins zu drei. Beide Male war der Fahrpreis, den der Taxameter anzeigte, der gleiche.

Die Japaner sind äußerst geschickte Aneigner westlicher Erfindungen. Oft überraschen sie dadurch, daß sie vor allem die Bedienungsmöglichkeiten technischer Installationen, gemessen an dem aus dem Westen importierten Prototyp, verbessern. Deshalb überraschte es mich, daß sie zwar den Taxameter übernommen hatten, aber nur dessen einfache Form, die nur zählt, während man fährt, die aber nicht die Zeit zählt, während der das Taxi steht, weil es beispielsweise vor den Verkehrsampeln anhalten muß. Also selbst dort, wo eine Möglichkeit bestünde, durch Zählung und Anrechnung aufgewandter Zeit den Verdienst des Taxichauffeurs zu erhöhen, nimmt man nicht etwa Abstand davon, sondern man übersieht diese Möglichkeit: die Zeit zählt nicht. Daß der Taxichauffeur für eine Fahrt von knapp 20 km, für die er 25 Minuten benötigt, ein anderes Mal aber für die dreifache Zeit, in welcher er 50 km fahren und somit fast das Dreifache verdienen könnte, den gleichen Fahrpreis erhält, stört ihn nicht: Statt eine Standuhr einzubauen, welche die Wartezeit, wie es in Europa der Fall ist, als Arbeitsaufwand mitberechnet, streikt er wegen des für ihn zu geringfügigen Ertrages aus den Fahrkilometern. Daß Zeit nicht zählt, könnte kaum anschaulicher zum Ausdruck kommen.

Ihre Nichtbeachtung hat aber auch sehr große Vorteile. Ungeduld, Unduldsamkeit gegenüber anderen Straßenbenutzern, Hupkonzerte, Nervosität, Ärger und Hetze sowie die Beleidigungsgestik, durch welche angeblich Erwachsene sich in Europa, ausgenommen England, lächerlich machen – all das gibt es in den asiatischen Ländern nicht. Wie wohltuend dieses entspannte Verhalten ist, dessen wird man sich besonders deutlich bewußt, wenn man in irgendeiner asiatischen Stadt mit einem Europäer zusammen im Auto sitzt, der vor Ungeduld zappelt und sich dauernd aufregt, während der Chauffeur schicksalsergeben und gelassen die nervösen Ärgernisse überhaupt nicht zur Kenntnis nimmt. Natürlich gilt dies auch für sein Verhalten in anderen Lebenslagen. Oft kann man es gleichgültig oder fatalistisch nennen (besonders in Indien), oft aber auch lebensklug, wenn nicht weise (wie in China). Und in diesem Fall könnten wir Abendländer einiges in Asien lernen.

4. Evolution als Nachvollzug

Vor dem ersten Tage

Vor etwa zwanzig Jahren war sich die Wissenschaft noch nicht über das Alter der Erde einig. Die Schätzungen dafür lagen zwischen zwei und hundert Milliarden Jahren. Erst vor kurzem haben neue Meßmethoden zu einem Einvernehmen geführt: Heute dürfte es als allgemein gesichert gelten, daß die Erde und unser Planetensystem frühestens vor 15 Milliarden, spätestens vor 5 bis 10 Milliarden Jahren entstanden sind. Dies zu erwähnen ist deshalb wichtig, weil die Mehrheit der Zeitgenossen sich bedauerlicherweise noch immer von den sogenannt quantitativen Größen beeindrucken läßt, dagegen die qualitativen Intensitäten fast vollständig übersieht. Vor diesem Fehler sollte man sich angesichts der nachher zu zitierenden Aussagen bewahren. Sie beziehen sich auf ein »Ereignis», das, wollten wir es zeitlich fixieren, als ein Geschehen *vor dem ersten Tage* bezeichnet werden müßte. Wie und wann war das? Jedenfalls vor der Entstehung der Erde. Fast ist man versucht zu antworten: in einem »Immer und Nie». Wagt man dies, so umreißt man eine sehr komplexe Konstellation zeitungebundener Art, die wegen ihrer Zeitungebundenheit für viele eher ein Ärgernis denn eine Verbindlichkeit sein dürfte. »Vor dem ersten Tag», das will sagen: vor dem Anfang der Welt, der Erde; dies aber schließt ein, daß es vor dem Anfang aller Zeit ist. Da sich im »Immer und Nie« die beiden extremsten Zeitformen einander polarisierend aufheben (wobei beide in die zeitlose Überzeitlichkeit hineinragen), umschreibt diese Formulierung durchaus wesensgerecht die vor aller Zeit liegende Wesensstruktur dessen, was vor dem ersten Tage war, sofern es überhaupt gestattet ist, hier einerseits durch den Gebrauch des Wortes »liegend« eine nicht vorhandene Räumlichung zu evozieren, andererseits mit dem »war« das zeitgebundene Verbum »sein« zu gebrauchen. Da jene Aussagen, auf die hier hinzuweisen ist, sich auf die Raum-Zeitlosigkeit all dessen beziehen, was vor dem ersten Tage war, muß von dieser Raum-Zeitlosigkeit gesprochen werden, die auch den immer gegenwärtigen Ursprung in sich birgt. Ihn trachteten wir bereits anderenorts zu beschreiben. Jetzt sei zusätzlich, bevor wir uns den zu zitierenden Aussagen zuwenden, ein Hinweis auf den Ursprung mitgeteilt, der sich in einer Beschreibung des chinesischen Zentralthemas, des Tao, findet. Auch dort spielt natürlicher und unabdingbarer Weise die Raum-Zeitlosigkeit herein, die mittels der bloßen Vorstellung, die also mittels des bloßen Verstandes und demgemäß unter Ausschluß der Vernunft, ein fast nicht realisierbares Konzept bleibt. Durch den Nachweis jedoch, daß die Welt ein Alter habe und somit einen Anfang hatte, ist dieses Konzept bereits in die Nachdenkbarkeit gehoben worden. Carl Friedrich von Weizsäcker führt über diesen Zeitpunkt der Weltwerdung aus: »Vor diesem Zeitpunkt muß die Welt, wenn sie überhaupt existierte, in einem Zustand gewesen sein, der vollkommen verschieden war vom heutigen und den wir uns nicht ausmalen können, da selbst die Anwendbarkeit eines Begriffes wie Zeit für ihn nicht besteht.»

Übrigens – und das dürfte wohl wert sein, festgehalten zu werden, wie es Pascual Jordan aufgrund eines Hinweises von Bernhard Bavink tut – haben bereits zwei große Kirchenväter diesen Sachverhalt »vermutet», der jetzt durch die Forschung unserem Verständnis erschlossen worden ist. Augustin (354 bis 430) schreibt in seinem »Gottesstaat»: »Ohne Zweifel ist die Welt nicht in der Zeit, sondern mit der Zeit erschaffen. Vor der Welt konnte Zeit nicht sein, weil keine Kreatur war, mit deren bewegten Zustandswechsel sie hätte werden können.« Und Isidor von Sevilla (um 560 bis 636) führt in seiner »De Summo Bono« aus: »Vor dem Entstehen der Welt gab es sicher noch keine Zeit, denn die Zeit ist ein Geschöpf Gottes; sie ist also mit dem Anfange der Welt entstanden.»[1]

Der Ursprung und das Tao

Laotse rückte um 500 v. Chr. mit seinem Spruchbuch, dem Taoteking (Dau-dö-Djing), das Tao (Dau) in die Mitte des chinesischen Denkens. Was Tao ist, läßt sich rein begrifflich deshalb nur schwer fassen, weil die begriffliche Definition nur die Bedeutung zum Ausdruck bringt, die es für den hiesig-sichtbaren Bereich hat. Damit aber ist sein Sinn nicht erschöpft. Die begriffliche Bedeutung ist nur der Spiegel einer weitaus inhaltsreicheren, welche ihm im unsichtbaren Bereiche eignet. Letztlich ist Tao der den Ursprung enthaltende und bewirkende göttliche oder gottheitliche Weltgeist oder Weltengrund (durchaus unpersonaler Art), der alles, das Gestaltlose, das Unsichtbare, sowie das Gestalthafte, das Sichtbare, durchwirkt und zugleich Leere und Fülle ist. In dieser paradoxen Umschreibung kommt seine Nichtfaßbarkeit durch unser Denken zum Ausdruck. Denn alles, was unser raum-zeitliches Koordinatensystem übersteigt oder ihm zugrunde liegt, entzieht sich der begrifflichen Fixierung auch dort, wo wir behelfshalber Begriffe verwenden müssen.

Aus diesem Dilemma fanden die Chinesen einen Ausweg. Das Wort »Tao« hat in ihrer Umgangssprache vier Bedeutungen, die scheinbar disparat und beziehungslos nebeneinander Gültigkeit haben. Je nach der dem einzelnen genehmen Interpretationsmöglichkeit gaben unsere Sinologen der einen oder der anderen Bedeutung den Vorzug und übersetzten »Tao« dementsprechend entweder mit »rechter (richtiger) Weg», mit »Gradheit», »Gerichtetheit« oder mit »Kopf». Es ist gewiß auch all das, was durch diese Begriffe definiert wird, zugleich aber ist es sehr viel mehr als dies, nämlich nicht nur hiesig gültiger und definierender Begriff, sondern nominierende Umschreibung für das höchste Prinzip.

Dieses höchste Prinzip war seit jener Zeit (500 v. Chr.) bis vor wenigen Jahren auf dem irdischen Plane (der Erde, der Welt, welche die Chinesen als den »unteren Himmel», genau übersetzt als »Himmel unten« bezeichneten) das damals zum Durchbruch kommende mentale Bewußtsein, welches das mentale Denken zur herrschenden Realisationsform des Menschen werden ließ. Auf dem nichtirdischen Plane (den die Chinesen als den »oberen Himmel», genau übersetzt als »Himmel oben« namhaft machten) war und ist dieses höchste Prinzip, das auch den irdischen Plan durchwirkt, das »Göttliche« oder »Gottheitliche« schlechthin, das dann letztlich namenlos und unnennbar werdend noch »über den Himmeln», also sowohl über dem unteren als auch über dem oberen »ist».

Diese Parallelität des begrifflich gefaßten Tao und des evozierend umschriebenen Tao muß man im Auge behalten, wenn man seinem Geheimnis auf die Spur kommen will. Diese Parallelität ist symptomatisch für das Bedürfnis des Chinesen, stets die Beziehungen zwischen Irdischem und Außerirdischem, zwischen Erde und Himmel oder zwischen unterem sowie oberem Himmel und dem »Bereiche« über den Himmeln, herzustellen. Dieses Bedürfnis verhalf ihm dazu, die Spannung zwischen begrifflich Faßbarem und begrifflich Nicht-Faßbarem zu überwinden. Er löste dieses Dilemma, indem er das höchste, gewissermaßen sowohl überirdische als auch überhimmlische Prinzip in Parallele oder in die Entsprechung zum hiesig obersten Prinzip setzte, das in dem letzten Äon das mentale Bewußtsein war, dem die Fähigkeit des mentalen Denkens entsprang.

Bisher wurde übersehen, daß das Wort Tao zwei Hinweise enthält, die es wesensmäßig als den prägnantesten Ausdruck für das oberste Prinzip oder Vermögen des mentalen Bewußtseins ausweisen. Es sind dies einerseits seine vier Bedeutungen, andererseits die im Wort verborgene und ihm zugrunde liegende Wurzel.

Die vier Bedeutungen, die dieses Wort im Chinesischen hat, bezeichnen die vornehmsten Charakteristika des mentalen Denkens, das seit der Mitte des letzten Jahrtausends v. Chr. in den damaligen Hochkulturen (in Griechenland, Indien und China) zum Durchbruch kam. Zu jener Zeit mutierte aus der mythischen Bewußtseinsstruktur die mentale. Damit wurde die mythische Denkweise, welche ein bildhaftes Denken war, das sich kreisförmig vollzog und immer in sich selber zurückkehrte, durch die neue, mentale Denkform abgelöst, die ihrerseits ein auf ein Gegenüber gerichtetes, gradliniges und zielfixiertes Begriffsdenken vollzieht. Dieses begriffliche und nicht mehr bildmäßige Denken wurde zum höchsten menschlichen Vermögen, zum menschlich-irdisch obersten Prinzip. Seine ersten bedeutendsten Vertreter waren Sokrates und Plato, Mahavira und Buddha, Laotse und Kungfutse (Konfuzius).

Es ist durchaus kein Zufall, daß um jenes Jahr 500 v. Chr. Laotse in hohem Alter an der Grenze Chinas, die in diesem Fall ein Übergang vom Irdischen ins Außerirdische war, sein Buch (King, Djing) über das »Tao« schrieb. Nach dessen Niederschrift ging er hinüber – in das für die anderen fremde Land. Die Offenbarung über das Tao ließ er als Vermächtnis dem hiesigen Bereiche zurück. Allein schon durch die Wortwahl umriß er den auch mentalen Charakter seines Spruchbuches. Die vier Bedeutungen des Wortes Tao, die bereits genannt wurden, machen dies ersichtlich. Denn es gehört zu den Charakteristika des mentalen Denkens, daß es das mythische Bilderdenken überhöhend den »rechten« (und damit in eine neue Bewußtwerdung führenden) »Weg« einschlägt und vollzieht, dessen Eigenheiten die »Gradheit», also die Zielfixiertheit, die »Gerichtetheit», die sich an ein Gegenüber wenden, statt mythisch immer wieder in und zu sich selber zurückzukehren, sind; zudem ist es ein Denken, das sich nicht mehr im Herzen, im Inneren vollzieht und sich der inneren und mythischen Bilderwelt zuwendet, sondern es ist ein Denken, das athenegleich seinen Ursprung im »Kopf« hat und sich auf die zu beherrschende Außenwelt richtet. Gerade diese vier Charakteristika sind in »Ursprung und Gegenwart« bei der Beschreibung für das der mentalen Bewußtseinsstruktur entspringende mentale Denken als grundlegend namhaft gemacht worden,[2] und wir begegnen ihnen nun bei der eingehenden Betrachtung des Tao als durchaus relevant wieder. Dieses mentale Denken war, wie bereits erwähnt, seit 500 v. Chr. das höchste Vermögen des Menschen, in dem seine bewußtseinsmäßigen Realisationen und seine Art des Weltverständnisses und der Weltbewältigung ihren Ursprung hatten. Das irdische Tao entsprach insofern dem überhimmlisch-gottheitlichen Tao, als dieses seinerseits den Ursprung des universalen Bewußtseins birgt. Auf welchem Plan, in welchem Bereich auch immer, stets enthält das Tao den Ursprung.

Nun sei noch kurz die Wurzel des Wortes Tao betrachtet, die ihrerseits, als zweiter Hinweis, seinen grundlegend mentalen Charakter deutlich werden läßt. Bei der Darstellung der mentalen Bewußtseinsstruktur konnte ich ersichtlich machen, daß die Hauptbegriffe, die das mentale Denken charakterisieren, die Urwurzel »da:di« enthalten. Die Grundbedeutung dieser Wurzel ist, kurz umschrieben, »teilen». Das mentale Bewußtsein war ein Wachbewußtsein (im Unterschied zum traumartigen, mythischen Bewußtsein), und somit dem *Tage* verpflichtet, der zugleich die begriffliche Erfassung der *Zeit* ermöglichte, das bis dahin göttliche Bild zum Begriff *deus* (gleich Zeus!) machte, Gott also begrifflich vom Irdischen abteilte und ihn in das personale Gegenüber zum menschlichen Ich umwandelte.

Hier seien aus einer Vielzahl nur diese wenigen Stichwörter erwähnt; sie enthalten alle das teilende Element, alle gehen auf die Wurzel »da:di« zurück und sind somit eng miteinander verwandt: »Tag«, der Teiler der »Zeit», der ihn aus der Ganzheit von Tag und Nacht herausteilt, »deus« gleich »Zeus«, der den menschlichen vom himmlischen Bereich abteilt. Schon damals, als ich diesen komplexen Sachverhalt darstellte, wies ich darauf hin, daß auch dem Wort »Tao« diese das Mentale charakterisierende Wurzel »da: di« zugrunde liegt.[3]

Wenden wir uns nun dem Sinn des Tao zu, nachdem sein hiesig begrifflicher Aspekt definiert worden ist. Richard Wilhelm, der sich bei seiner Übersetzung des Taoteking der helfenden Mitarbeit eines weisen taoistischen Meisters erfreuen durfte, hat Tao mit »SINN« übersetzt. Auf das alles durchwirkende Tao bezogen, ist es der universale All-Sinn, jenes höchste Prinzip, das allen Sinn des Himmels und der Erde durchstrahlt; zugleich aber enthält dieses Wort »Sinn« die multivalenten Charakteristika des mentalen Denkens. Dieser Multivalenz muß man eingedenk bleiben. Im Deutschen wird sie nicht so deutlich wie beispielsweise im französischen »sens». Dieses Wort »sens« kann sowohl mit »Richtung« (wie in »sens unique»), mit »Bedeutung« (im Sinn von »signification») als auch mit »wahrnehmendes Vermögen« (der fünf unterscheidenden Sinne) übersetzt werden.

In der Bedeutungsvielfalt der möglichen Übersetzungen des Tao drückt sich der allumfassende Charakter dieses Urprinzips aus.

Abgesehen von den zahlreichen kurzen, stets paradox gefaßten Erklärungen des Tao, wie sie sich in Laotses Taoteking finden, enthält eine Schrift des Dschuang Dsi (Tschuang-Tse), der um 350 v. Chr. lebte, den Versuch, sein Wesen zu beschreiben. Sie lautet in der deutschen Übersetzung von Richard Wilhelm:[4]

«Das ist der SINN (das Tao): er ist gütig und treu, aber er äußert sich nicht in Handlungen und hat keine äußere Gestalt; man kann ihn mitteilen, aber man kann ihn nicht fassen; man kann ihn erlangen, aber man kann ihn nicht sehen; er ist unerzeugt sich selber Wurzel. Ehe Himmel und Erde waren, bestand er von Ewigkeit; Geistern und Göttern verleiht er den Geist; Himmel und Erde hat er erzeugt. Er war vor aller Zeit und ist nicht hoch; er ist jenseits allen Raumes und ist nicht tief; er ging der Entstehung von Himmel und Erde voran und ist nicht alt; er ist älter als das älteste Altertum und ist nicht greis.«

Diese Beschreibung enthält das, was bisher auf diesen Seiten ausgeführt worden ist, und stützt zugleich das, was noch zu sagen sein wird. Denn Tao, »der ›Sinn‹ hat keine äußere Gestalt; ... man kann ihn nicht sehen; er ist unerzeugt sich selber Wurzel ... Himmel und Erde hat er erzeugt. Er war vor aller Zeit ...; ist jenseits allen Raumes». Somit: sich selber Ursprung seiend, ist er der *unsichtbare Ursprung*, der vor aller Zeit, *vor dem ersten Tage* war.

Vielleicht darf und muß jetzt auf einen Umstand hingewiesen werden, der mich selber überraschte: auf den Text des Dschuang Dsi bin ich erst einige Monate, nachdem die Abschnitte »Vor dem ersten Tage« und »Ein Agraphon« geschrieben worden waren, gestoßen. Ich glaube es der Relevanz meiner Darlegungen schuldig zu sein, dies zu erwähnen.

Ein Agraphon

Das bisher Vorgetragene dürfte genügen, um die nunmehr zu zitierenden Aussagen ins rechte Licht zu rücken. Diese Aussagen werden nur für jene unverbindlich sein, die dem geistigen Erbe des Abendlandes abgeschworen haben. Ich werde mich darauf beschränken zu zitieren, werde mich jeglicher Exegese enthalten, jedoch auf die Konsequenzen für die in Frage gestellten Probleme (die der Evolution, der Willensfreiheit und der Zukunft) aufmerksam machen.

Uns ist durch Ephraem, den Syrer, ein apokryphes Wort, ein Agraphon (das heißt ein nicht in der Bibel aufgezeichnetes Wort Christi) überliefert worden, das er an seine Jünger richtete: »Ich wählte Euch aus, bevor die Erde entstand.»[5] Eine andere Fassung dieses Wortes bietet eine mit kirchlicher Druckerlaubnis erschienene Agrapha-Ausgabe; sie lautet: »Ich erwählte Euch, bevor die Welt geschaffen.»[6] Parallele Aussagen finden sich auch im Neuen

Testament. So schreibt Paulus in seinem Briefe an die Epheser (I,4): »Wie er (Gott) uns erwählt hat, durch denselben (Christus), ehe der Welt Grund gelegt war.« Und in seinem zweiten Briefe an Timotheus spricht er (I,9) von der »Gnade, die uns gegeben ist in Christo Jesu vor der Zeit der Welt.« Auf diesen Tatbestand wird noch des öfteren im Neuen Testament hingewiesen, so durch Johannes (17,5), wo Christus sagt: »Und nun verkläre mich, Vater, bei Dir selbst, mit der Klarheit, die ich bei Dir hatte, ehe die Welt war« sowie (ebendort 17,24) in Christi Bekenntnis: »Du (Vater) hast mich geliebt, ehe denn die Welt gegründet war.« Und Petrus spricht in seinem ersten Briefe (I, 20) von Christus, »welcher vor der Grundlegung der Welt dazu ersehen war, am Ende der Zeiten aber offenbar wurde um euretwillen«.

Ein Kommentar zu dem Agraphon, dem apokryphen Wort Christi, und zu seiner Bestätigung durch die Jünger erübrigt sich. Zudem liefe er Gefahr, eine Exegese zu werden, die durchzuführen mir als Nichttheologen nicht zusteht. Es sei lediglich darauf hingewiesen, daß es sich um eine mittels der Ratio letztlich nicht auslotbare Aussage von heilig-nüchterner Tiefe und Erhellung handelt, zumal in ihr auch die geistige Herkunft des Menschen, die geistige Anthropogenese aufleuchtet. Der Erinnerung an diese geistige Herkunft aber ist auf eine verhängnisvolle Weise und in einem fast tödlichen Ausmaße eine erschreckend große Mehrheit der abendländischen Menschheit verlustig gegangen. Das Agraphon könnte sie dem einen oder anderen wieder zur Gewißheit werden lassen; damit wäre unendlich viel gewonnen. Jene freilich, für die Christus nach ihrem Verzicht auf Glaubensbereitschaft nur noch eine legendäre Erscheinung ist, da er ihnen niemals zur Evidenz wurde, werden mit seinem Wort nichts anzufangen wissen. Jene aber, die glauben, haben es vermieden, darüber zu sprechen. In der protestantischen Literatur war es (wie uns kirchlicherseits gesagt wurde) einzig Karl Barth, der in seiner »Kirchlichen Dogmatik« diese Aussagen erwähnte, kommentarlos, lediglich als Hinweis auf die Präexistenz Jesu Christi. Dieser Sachverhalt ist bezeichnend. Weder dem rationalen noch dem irrationalen Menschen ist es möglich, hier zu verstehen oder zu akzeptieren, geschweige denn Konsequenzen zu ziehen.

Abgesehen von dieser bewußtseinsmäßigen Inkompetenz dürfte das Schweigen über jene Aussagen noch einen anderen Grund haben: die Angst, daß bei ihrer bewußten Anerkennung die anthropozentrische Willensfreiheit zerbrechen, ja illusorisch werden würde. Das jedoch ist ein rationaler Kurzschluß. Erstens ist der Begriff Willensfreiheit ein Fehlbegriff, akzeptierbar einzig, wenn man ihn als Entscheidungsfreiheit auffaßt. Zweitens ist es kein Verlust der Entscheidungsfreiheit, die wir täglich ausüben, da die grundlegende Entscheidung, wie wir gesehen haben, ja gar nicht im Sichtbaren, sondern im Unsichtbaren, in diesem Fall in vorerdhafter »Zeit« gefallen ist. Uns bleibt nur, diesem Vorentscheid entsprechend zu leben; es zu tun oder nicht zu tun ist unsere Freiheit oder Unfreiheit. Wo bleibt da die Evolution? Ist der Nachvollzug der vorgegebenen, beziehungsweise vorentschiedenen Reifungsmöglichkeit ein Fortschritt, eine Evolution?

Ein kluger Zeitgenosse unbekannten Namens sagte letzthin: »Die Zeit ist eine Erfindung, um zu verhindern, daß alles auf einmal geschieht.« Was uns anbetrifft, so konstellierte sich einmal all das »gleichzeitig« im Unsichtbaren, was hier im Sichtbaren nur in einem Nacheinander in Erscheinung zu treten vermag, dem man auch den Namen »Evolution«, dem man auch – auf längere Zeit gesehen – den Namen »Höherentwicklung« geben kann.

Die Hinderung, die zitierten Aussagen konsequent zu Ende zu denken, äußert sich als Angst, der dünkelhaften Anthropozentrik verlustig zu gehen und auf das Ruhmesblättlein verzichten zu müssen, an der geleisteten, aber mißverstandenen Evolution individuell mitgewirkt zu haben. Von einem Verzicht auf Willensfreiheit zu sprechen, ist nicht nur unnötig, sondern falsch. Dieser Tatsache werden wir in einem weiteren Beispiel nochmals begegnen. Wir leben durchaus nicht ohne Entscheidungsfreiheit, denn unser ganzes Leben besteht ja vor allem darin, der einst im Unsichtbaren und in aller Freiheit getroffenen Entscheidung getreu zu bleiben. Was als Verzicht empfunden wird, stellt sich lediglich als eine Verlagerung aus dem Sichtbaren ins Unsichtbare dar. Als dort vollzogene Entscheidung wurde sie gültig für unser hiesiges Leben, und jene Konstellation, in der dies geschah, ist zugleich auch unser allerinnerster Kern, der zutiefst in uns ruht und uns somit stets begleitet. Demgegenüber spielt das kleine Ich, das, sich dauernd verändernd, inkonstant, das auf so viele ephemere Dinge wie Willensfreiheit stolz und im Gegensatz zur inneren Sicherheit des uns hütenden Kernes meistens einigermaßen kapriziös, öfters überaus putzig ist, seine hin und wieder notwendige Rolle, die allerdings bei der Du-Findung unentbehrlich ist.

Vor zehn Milliarden Jahren erwählt: kann da von Evolution die Rede sein? Gewiß, es handelt sich in dem als Beispiel angeführten Ereignis um Menschen besonderer Art, um die Jünger Christi. Jeder aber, der auf sein Leben zurückblickt, wird, falls er etwas Evolutives in sich findet, feststellen können, daß nicht er selber, sondern seine innere Stimme, oder der sogenannte Zufall, oder anderes, anscheinend von ihm Unabhängiges, die Auslöser waren. Nicht von ungefähr gibt es das als sehr lobend empfundene Wort: »Er ist sich selber treu geblieben.« Woher und welcher Art Wissen mag wohl dieser Ausspruch entstammen, dem bemerkenswerterweise kein egozentrischer Ton innewohnt?

Was jedoch die Jünger betrifft, so gab es auch bei ihnen »Entwicklung«. Saulus wurde im entscheidenden Augenblick zum Paulus; Johannes schrieb erst im Alter die Apokalypse. Alles war bereits von allem Anfang in ihnen. Selbstgetreu entschieden sie sich lediglich jener Vorentscheidung gemäß, der sie anlage- und bewußtseinsmäßig vorausnehmend zugestimmt hatten.

Die Einsicht in den wahren Charakter dessen, was heute auch auf den Menschen und das Bewußtsein bezogen »Evolution« genannt wird, scheint mir wichtig. Die Geltungskraft dessen, was vom hiesig Sichtbaren aus gesehen als Evolution bezeichnet wird, muß auf das richtige Maß reduziert werden, denn anders droht uns der endgültige Verlust der Teilhabe am unsichtbaren Ursprung, die immerwährend uns alle konstituiert.

Zwei Beispiele für die Zeitgleich-Struktur

Das Handikap unserer Fragestellung besteht darin, daß wir heute, mangels sprachlicher Ausdrucksmöglichkeiten, versuchen müssen, Konstellationen, die dem sichtbaren Bereich fremdartig oder inexistent erscheinen, mit inadäquaten Termini gerecht zu werden. Dazu gehört neben anderem die Gleichzeitigkeit, die für die Konstellationen im Unsichtbaren gelten soll. Es handelt sich dabei um jenes Zugleich aller möglichen Zeitformen, welches dem Ursprung eignet, so weit ihm überhaupt etwas »eignen« kann.

Bis vor kurzem galt allgemein, daß das Unsichtbare mit dem bloßen Verstande sich weder begreifen noch erfassen lasse. Die Nachweise der Atomphysik haben uns eines Besseren belehrt; dort wird mit Gegebenheiten gearbeitet, die »unsichtbar« sind, jedoch zumindest mathematisch sehr konkret erfaßt werden können. Das unsichtbare Zugleich, das dem Ursprung innewohnt und sich in den Grundkonstellationen spiegelt, kann zwar nicht mathematisch nachgewiesen, dem Aufmerksamen jedoch evident werden. Dafür zwei Beispiele aus der Traumpsychologie und aus der soeben erwähnten Atomphysik.

Die Kernträume

Es ist mir aufgefallen, daß bei einer gewissen Art von Träumen, die durchaus nicht alle zu den sogenannten Großträumen zu zählen sind, eine sehr bezeichnende Unsicherheit auftritt. Diese Unsicherheit besteht darin, daß derjenige, der einen Traum dieser Art träumt und, weil er ihn sehr beschäftigt, versucht, ihn nach dem Erwachen zu rekonstruieren, in große Schwierigkeiten gerät. Denn obwohl der Rekonstruierende sich zwar, wie er meint, sehr klar des ganzen äußerst komplexen Inhaltes seines Traumes erinnert und auch seines Sinnes gewahr wird, vermag er es nicht, ihn in das für eine Darstellung nötige Nacheinander zu bringen. Immer wieder stutzt er bei seinem Versuche, dies zu tun, weil nicht auszumachen ist, in welcher Reihenfolge dieses oder jenes Traumelement aufleuchtete. Obwohl ein solcher Traum durchaus das Signum trägt, bedeutungsvoll und sinnvoll, aber zugleich auch – den hiesigen Bereich anvisierend – hinweisend, also gerichtet und somit einer Darstellung, die ein Nacheinander erfordert, angepaßt zu sein, gelingt es dem rational Rekonstruierenden nicht, die einzelnen Traumelemente in die Reihenfolge eines festen Nacheinanders einzuordnen. Wie ist das zu erklären? Wenn ich hier, der ich kein Fachpsychologe bin, meinerseits einen erklärenden Hinweis zu geben wage, möge er seitens der Psychologen, soweit ihnen diese Traumart bekannt ist, als Beitrag zur Traumdeutung aufgefaßt werden. Dabei handelt es sich weniger um einen Hinweis, den ich gebe, als um den Hinweis, den uns diese Traumart selber hinsichtlich ihrer Herkunft gibt. Da der Sinn derartiger Träume bedeutungsvoll ist, sind sie keinesfalls chaotisch. Damit, daß sie sich trotzdem einer rationalen Darstellung, die des Nacheinanders bedarf, widersetzen, geben sie sowohl ihre Herkunft als ihren Charakter zu erkennen: sie spiegeln gewissermaßen die Zugleich-Struktur des unsichtbaren Ursprunges, die im inneren Bereich der Psyche traumbildmäßig in Erscheinung tritt, sich aber dem Sichtbarkeitsbedürfnis des mentalrationalen Bewußtseins nur schwer erschließt. Diese Zugleich-Struktur ist insofern Wesensmerkmal des Ursprunges, als er »zeitlos« vor aller Zeit ist und somit ungeschieden, aber latent die drei Phasen der irdisch sichtbar werdenden Zeit enthält.

In Träumen dieser Art wird unser Beteiligtsein an der Auswirkung des Archaischen, des Ursprünglichen wahrnehmbar; strukturmäßig betrachtet sind sie nicht etwa nur Tiefträume, sondern, als welche ich sie bezeichnen möchte, Kernträume. Der Begriff archaisch ist hier nicht kunsthistorisch oder als Synonym für »primitiv», sondern bewußtseinsmäßig und in dem Sinne zu verstehen, wie er für die archaische Bewußtseinsstruktur, gültig also für das ungeschieden ursprüngliche Bewußtsein, in »Ursprung und Gegenwart« definiert worden ist. Ihm entsprangen und entspringen alle drei uns heute konstituierenden Bewußtseinsstrukturen, die sogleich nochmals erwähnt werden sollen. So betrachtet zeigt sich, daß derartige Kernträume gewissermaßen eine Selbstdarstellung der Gleichzeitigkeit, oder besser: des Zugleich enthalten oder sind. Dies Zugleich wohnt als Potenz allem inne, das archaisch in der schöpferischen, ursprunghaften Konstellation ruht, die auf ihre zumeist verborgene, unsichtbare Weise an unserem Leben teilhat, sofern sie nicht sogar seinen Ursprung enthält.

Als einziger hat übrigens, wie ich erst nachträglich feststelle, G.R. Heyer bereits in einem Briefe vom 15. Januar 1948 auf diese seltene Traumart aufmerksam gemacht. In Fortführung einer kurzen Notiz in seinem Buche »Vom Kraftfeld der Seele», wo er vermerkt, »daß nicht *die* Träume die ›tiefsten‹ sind, die in Bildern und Szenen geschehen ... sondern solche, die bloße Zustände sind», schreibt er, »daß gerade dem Psychologen von der Traumdeutungsarbeit wohlbekannt ist, wie dort ein unlösbares Problem insofern besteht, daß ein im Unbewußten mögliches Gleichzeitig, In- und Miteinander, sobald es bewußt wird, nur nacheinander gedacht und berichtet werden kann», welcher Versuch sich aber als undurchführbar erweist, was er kurz an dem Jagdtraum eines seiner Patienten deutlich macht.[7]

In den Kernträumen wird eine Spur des Unsichtbaren oder doch zumindest eine Spur der komplexen Konstellation, die dem unsichtbaren Ursprung inhärent ist, wahrnehmbar: ihr Abglanz drängt gewissermaßen ins Sichtbare und wird transparent, so daß sie dem mentalen Bewußtsein evident zu werden vermag. Wo dieser Vollzug der Transparent- und Evidentwerdung gelingt – in diesem Vollzuge handelt es sich nicht mehr darum, daß er durch Wissen oder Glauben ermöglicht wird –, da wird unsere dreigliedrige Bewußtseinsstruktur in oder durch das ursprunghafte, universale Bewußtsein integriert.

Die Einsicht in diese Zusammenhänge erschließt demjenigen, der sich ihnen vorbehaltlos zu öffnen vermag, in einem Nu, einem Immer und Nie die lebensverändernde Erfahrung der Teilhabe an der unauslotbaren Verborgenheit und der alles durchstrahlenden Klarheit des Seins- oder Weltengrundes, des Ursprunges, des Tao, des Göttlichen, Gottes. Der Taoist würde dann sagen dürfen, er habe Tao erreicht, der Hindu, er habe Samadhi, der Zen-Buddhist, er habe Satori erfahren, der Christ würde wie Paulus bekennen, daß Gott im »unzugänglichen Lichte« wohne, der Athos-Mönch hätte das »unerschaffene Licht« wahrgenommen.

Alle drei uns konstituierenden Bewußtseinsstrukturen, von denen soeben gesprochen worden ist, die mental-rationale, die mythisch-psychische, die magisch-vitale, werden auf das universale Bewußtsein hin transparent. Das aber ist gleichbedeutend mit der von uns vollzogenen Mutation ins integrale Bewußtsein. Dieses darf, von uns aus gesehen, deshalb als integral bezeichnet werden, weil es sich bewußt dem universalen zu integrieren vermag.

Man darf vielleicht sogenannte psychische Phänomene wie die Kernträume als dem zauberhaften, bestürzenden, manchmal auch dämonischen Zwischenreich angehörend betrachten, wo sie nicht als blitzartige (dem Geistigen entspringende) Intuition, sondern als aus dem Geistigen in der Psyche auftauchendes Bild zwischen Unsichtbarkeit und Sichtbarkeit aufleuchten. Das aber befähigt uns, die Mutation ins Integrale zu vollziehen, die es uns ermöglicht, die Welt nicht mehr nur unperspektivisch-mythisch zu erfahren oder perspektivisch zielend und damit rational zu erfassen, sondern sie aperspektivisch und arational (also von perspektivischer Fixiertheit und rationaler Zielgerichtetheit befreit) bis in ihren Ursprung hinein als Ganzes wahrzunehmen.

Der atomare Prozeß

Wenden wir uns nun dem atomphysikalischen Beispiel zu. Der genialen Beobachtungsgabe und Ausdrucksfähigkeit Werner Heisenbergs verdanken wir den Hinweis auf eine Konstellation im atomphysikalischen Bereich, die eine Parallele zu der gleichsam zeitlosen der Kernträume darstellt. Auf evidente Weise enthalten beide die präformierende Kraft der Gleichzeitigkeit, die dem Unsichtbaren innewohnt. Diese Gleichzeitigkeit bezeichnet C. G. Jung als »Synchronizität«,[8] beschränkt sie aber auf Phänomene, die sich in der grellen Sichtbarkeit ereignen und im Alltäglichen nachweisbar sind. Die von ihm gemeinte Gleichzeitigkeit betrifft andere Ereignisformen als die, welche im atomaren Prozeß oder in den Kernträumen sichtbar werden. Es ist wichtig, darauf hinzuweisen, daß das Synchronizitäts-Prinzip sich nicht auf die Gleichzeitigkeit verschiedener Zeitphasen, sondern auf das gleichzeitige In-Erscheinung-Treten zweier Ereignisse gleichen Inhaltes, die aber miteinander rein kausal nicht verknüpft sind, bezieht. Ich erwähne diese Ereignisform, weil auch in ihrem Nachweis die Möglichkeit einer neuen Wertung zeitlicher Vorgänge sichtbar wird. Die Synchronizität ist nicht so sehr Gleichzeitigkeit, wohl aber unkausale Koinzidenz.

Die echte Gleichzeitigkeit verschiedener Zeitphasen darf aber umfassend gewertet auch als Zeitlosigkeit betrachtet werden. Bei dem Gebrauche des Terminus »Gleichzeitigkeit«, der den Begriff »Zeit« enthält und trotzdem etwas bezeichnen soll, das die Aufhebung des zeitlichen Momentes ausdrückt, so daß man ihn rechtens durch den Begriff »Zeitlosigkeit« ersetzen kann, zeigt sich wieder die terminologische Schwierigkeit, von der bereits gesprochen worden ist. Denn die »Gleichzeitigkeit« enthält auch das Moment der Koinzidenz beispielsweise zweier synchronistischer Vorgänge. Sie kann also nur bedingt durch den Terminus »Zeitlosigkeit« ersetzt werden, da dieser ja jegliches Geschehen, das als solches stets zeitgebunden ist, ausschließt. Deshalb führte ich statt seiner den Begriff des »Zugleich« ein, der den Faktor Zeit nur indirekt enthält, da das Zugleich das zeitlose Moment birgt. Werden wir uns des Charakters und der Struktur des Zugleich bewußt, welches Zugleich das zeitliche Moment deshalb negiert, weil es eine Konstellation aussagt, die vor aller Zeit liegt und die Zeit demgemäß nur als Potenz enthält, dann wird uns »zugleich« bewußt, daß es sich nicht um eine bloß zeitlose Struktur handelt, in der es keine Zeit gibt, sondern um eine, die sehr viel reicher ist. Denn der unsichtbare Ursprung reicht mit seiner Wirkung aus seiner vorzeithaften Konstellation in die hiesig zeitliche Gegenwart herein. Deshalb ist sein Zugleich nur dann zeitlos, wenn wir ihn gesondert von seiner dauernd in uns wirkenden Gegenwart aus betrachten. Sehen wir diese seine Gegenwärtigkeit ein, wird sie uns also evident, und berücksichtigen wir sie, so verwandelt sich das Zeitlose in die bewußt realisierte Zeitfreiheit: Ursprung und Gegenwart sind ein von der Zeit befreites und uns von ihr befreiendes Zugleich. Die fälschlicherweise rational getrennten Bereiche des Ursprungs und der Gegenwart erhalten in ihrem Zugleich eine bisher bewußt niemals realisierte Fülle. Das bewußt realisierte Zugleich beider Bereiche ist die Bereicherung, die in der erreichten Zeitfreiheit zur Wirkung kommt.

Der höchste Grad dieser Wirkung ist, daß dank der Zeitfreiheit (die die Ichfreiheit, also das Befreitsein vom Ich, statt eines Rückfalles in die Ichlosigkeit, einschließt) unsere Wirklichkeitserfassung, indem sie das Ganze als Ineinanderspiel des Ursprungs und der Gegenwart, also des Unsichtbaren und des Sichtbaren realisiert, transparent wird. In dieser Transparenz kann sich jenes große

Geschehen ereignen, das die Mönche vom Berge Athos mit dem Ansichtigwerden des »unerschaffenen Lichtes« bezeichneten, das der Apostel Paulus (im ersten Timotheusbrief [6, 16]) als das »unzugängliche Licht« namhaft machte, in dem »Gott wohnt».

Etwas von dieser Transparenz, die, anders umschrieben, auch dem »unsichtbaren Ursprung« eignet, durchstrahlt als hintergründige Möglichkeit und Kraft nicht nur die Kernträume, sondern auch das atomare Geschehen.

In seinem Vortrage »Atomphysik und Kausalgesetz« führt Werner Heisenberg aus, »daß in ganz kleinen Raum-Zeit-Bereichen, also in Bereichen von der Größenordnung der Elementarteilchen, Raum und Zeit in einer eigentümlichen Weise verwischt sind, nämlich derart, daß man in so kleinen Zeiten selbst die Begriffe früher oder später nicht mehr richtig definieren kann. Im Großen würde sich an der Raum-Zeit-Struktur natürlich nichts ändern können, aber man müßte mit der Möglichkeit rechnen, daß Experimente über die Vorgänge in ganz kleinen Raum-Zeit-Bereichen zeigen werden, daß gewisse Prozesse scheinbar zeitlich umgekehrt ablaufen, als es ihrer kausalen Reihenfolge entspricht.«[9]

Die »ganz kleinen Raum-Zeit-Bereiche«, die bei den Vorgängen im Atomkern bereits mehr oder weniger im Unsichtbaren liegen, weisen somit die gleiche Konstellation auf, der wir in den Kernträumen begegnet sind. Daß in der atomaren Konstellation »gewisse Prozesse scheinbar zeitlich umgekehrt ablaufen, als es ihrer kausalen Reihenfolge entspricht«, besagt ja nichts anderes, als daß Ursache und Wirkung nicht nur ausgetauscht werden können, sondern daß man sogar »die Begriffe früher oder später nicht mehr richtig definieren kann«, da es dort gar kein Früher oder Später gibt. Dies trifft ja auch für die Kernträume zu, wo der Rekonstruierende nicht zu definieren weiß, ob dieses oder jenes Element früher oder später da war, so daß es ihm unmöglich ist, ein kausales Nacheinander, einen Ablauf, aus der Konstellation zu deduzieren. Hier wie dort ist Zeit, zumindest in ihrer hiesigen Form, noch nicht vorhanden. Somit herrscht auch in diesen intensitätsgeladenen atomaren Konstellationen die Gleichzeitigkeit beziehungsweise das Zugleich.

Aristotelisch-thomistisch schärfer unterscheidend (und deshalb manchmal überbelichtend), als ich es hier mit meinen Ausführungen über das Zugleich getan habe, knüpft die Phänomenologin Hedwig Conrad-Martius an die soeben zitierte Aussage Werner Heisenbergs an und unterstellt, »daß es wahrscheinlich notwendig sein werde, im inneratomaren Geschehen auch die Zeit gequantelt aufzufassen. Es müsse absolut kleinste Zeitlängen« – Quanten sind ein physikalischer Begriff für kleinste, unteilbare Mengen – »geben, während deren die Zeit nicht verfließt. Innerhalb einer Elementarzeit gäbe es dann kein ›es wird sein‹ und ›es war‹. Die Prozesse verliefen auf einer Seinsebene gleicher Gegenwärtigkeit.« Denn, »eine exakt ontologische Wesensdeutung der empirischen Zeit [gelangt] ebenfalls zu einer in ihrem Seinsgrund gequantelten Zeit«. Mit dieser Definition streift Conrad-Martius unausgesprochen die von mir entworfene Zugleich-Struktur des unsichtbaren Ursprungs (sie spricht vom »Seinsgrund«), was in ihrer Feststellung deutlich wird: »Ein einzelnes Seins- und Zeitquant kann dann nicht selber zeitlich aufgefaßt oder gar ausgemessen werden.«[10] Damit verweist sie das Zeitquant der hiesigen Zeitlichkeit; aber sollte es nicht als erster Herauswuchs ins Sichtbare aus der von ihr als »äonische Weltzeit« bezeichneten Zeitform, die »zwischen unserer Zeit und der Ewigkeit Gottes« steht, gewertet werden? »In der äonischen Wirklichkeit», die im aristotelischen Sinne als zyklisch aufgefaßt wird, »ist», um die Darstellung ihres Konzeptes durch Gebhard Frei heranzuziehen, »die Zukunft schon und die Vergangenheit bleibt, denn alles ist total präsent.«[11] Diese totale Präsenz aber, ohne »sein« noch »bleiben« und ohne die aristotelische Antinomie dazu, daß sie zyklisch sei, ist das Signum des ursprunghaften Zugleich, das im Kerntraum psychisch, im atomaren Prozeß physikalisch aufscheint und – wenn überhaupt ortsgebunden – erst dort »präsent« ist.

Über alledem sei nicht vergessen, daß diese Atomprozesse, selbst bei Anerkennung vorbehaltender Einschränkungen, Grundlagen des Lebens und unseres gesamten physischen Aufbaues sind. Es spiegelt sich also auf die je ihnen gemäße Weise sowohl in den Kernträumen als auch in den atomaren Prozessen jene ursprunghafte Grundkonstellation, die auch – um es in anderer Wendung nochmals auszudrücken – für den Wesenskern des Menschen, solange er im Unsichtbaren »verweilt«, gültig ist. Dort ist alles noch von Raum und Zeit, diesen Grundpfeilern des Sichtbaren, unverstellt. Dort konstelliert sich der geistige Kern des Menschen, denn auch die Jünger waren – wenn auch sehr besondere – Menschen. Dort konstellieren sich die die Materie aufbauenden Elementarteilchen der Atome. Dort scheint dem aus Raum und Zeit in den Tiefschlaf getragenen Menschen die Grundkonstellation seiner latenten Innerlichkeit auf. In allen drei bisher dargestellten Formen ruht der unvergängliche Kern und Keim des Menschen, der Materie und der – man darf vielleicht sagen – menschlichen Seele. Dort entscheidet sich, was später ins Sichtbare übergehend sich als Schicksal äußert und als Evolution interpretiert wird, die, so gesehen, nur Nachvollzüge der in der Unsichtbarkeit vorgegebenen und raum-zeitfreien Grundkonstellation sind.

Anmerkungen

1. Siehe Augustin, De Civitate Dei, Buch XL, Kap. 6, sowie Isidor von Sevilla, De Sumo Bono, Buch I, Kap. 9
2. Jean Gebser, Ursprung und Gegenwart, Gesamtausgabe; Bd. II, S. 125ff.
3. Jean Gebser, Ursprung und Gegenwart, Gesamtausgabe; Bd. IV, S. 200
4. Dschuang Dsi, Das wahre Buch vom südlichen Blütenland
5. Die versprengten Worte Jesu, hrsg. von Benedikt Godeschalk, München 1922
6. Unbekannte Worte Jesu, gesammelt und eingeleitet von Alfons Rosenberg, München-Planegg 1954, S. 49
7. Dieser Brief befindet sich in einem noch nicht publizierten Manuskript des Nachlasses; siehe auch G.R. Heyer, Vom Kraftfeld der Seele
8. C.G. Jung, Über Synchronizität; in: Eranos-Jahrbuch 1951, Bd. XX. Ferner: Jung/Pauli, Naturerklärung und Psyche, Zürich 1952
9. Werner Heisenberg, Atomphysik und Kausalgesetz, in: Die neue Weltschau, Stuttgart, 1953, Bd. II, bzw. ders.: Das Naturbild der heutigen Physik, Hamburg 1955
10. Hedwig Conrad-Martius, Die Zeit, München 1954
11. Gebhard Frei, Probleme der Parapsychologie, München 1969

5. Das tägliche Leben

Das neue Bewußtsein, das, sich selber vorausnehmend, in den schöpferischen Gestaltungen der Künstler, Denker und Wissenschaftler zuerst Kontur gewonnen hat, wird nicht vollgültig, solange es nicht im Alltag gelebt wird. In welcher Form kann das geschehen? Es wird, naturnotwendigerweise, von sich aus geschehen. Aber die Wirrnis der heutigen Situation erfordert eine gewisse Bereitschaft, Aufgeschlossenheit und Mitarbeit von jedem einzelnen.

Es wird von sich aus geschehen, da sich die Struktur der neuen Realisationsweise bereits in den verschiedensten Bereichen unseres Lebens mit einer nicht mehr wegzuleugnenden Intensität zu manifestieren begonnen hat. Ein jeder aber kann durch seine Haltung und Handlungsweise dazu beitragen, daß sich der Konsolidierungsprozeß ohne den Umweg über eine mögliche Katastrophe vollzieht. Der Lehrer sind genügend; wir haben sie als Vorläufer der neuen Bewußtseinsstruktur auf den vorstehenden Seiten kennengelernt; und auch die verborgenen Lehrer, die den Abglanz ursprünglicher Weisheit bewahren, wirken. Gleichermaßen evident ist es, daß zur gegebenen Zeit die neue Struktur auch für die Allgemeinheit bewußtseinskräftig werden muß. Die Grundlagen unserer Denkweisen sind bereits durch Tatsachen verändert, umstrukturiert. Dieser Umstrukturierung kann sich auf die Dauer niemand entziehen. Unmerklich und selbstverständlich wird die neue Bewußtseinsstruktur für jeden Gültigkeit erhalten. Und jene, die sie nicht annehmen, die in der alten verharren wollen, werden durch die neue Kraft im Verlauf der nächsten Generationen weitgehend ausgeschaltet werden. Die letzten Versuche der defizient mythischen Epoche, die in den Synkretismen der ersten nachchristlichen Jahrhunderte Gestalt annahmen, sind von der effizient mentalen Bewußtseinsstärke des Christentums überwunden worden. Das defizient mentale, das rationale Bewußtsein wird sich in zunehmender Technisierung und in zeitfalscher Anwendung der Technik selber das Grab schaufeln und – dies ist keine Prophetie, sondern Darlegung einer naturnotwendigen Entfaltung – durch ein intensiviertes Christentum, durch das integrale Bewußtsein überwunden werden.

Große Umwandlungs-Prozesse wie der heutige, derart weit- und tiefreichende Mutationen wie die sich seit Generationen vollziehende, sind keine Zufälligkeiten, die sich etwa nur ontologisch, existentiell, soziologisch allein erklären ließen. Sie sind vom Ur-Sprung her veranlagt, sind ein Nach-Sprung in die *stets schon vorhandene Zukunft.* Der im Irdischen und Alltäglichen sich in Raum und Zeit aufblätternde und entfaltende Ursprung erfüllt sich hier, auf unserer Erde, auf diese Art. Die göttliche, geistige Herkunft und Zukunft dessen, was uns als Geschehen erscheint, sollte über den bloßen Erklärungsversuchen nie vergessen werden. Und der Ursprung, aus dem heraus jeder Augenblick unseres Lebens lebt, ist göttlich-geistiger Art. Wer das verneint, verneint sich selber. Und es gibt derer heute genügend, die das tun. Wer es nicht verneint, in aller Einfachheit und Aufgeschlossenheit nicht verneint, ist bereits ein Mitarbeiter der Aperspektive, der integralen Bewußtseinsstruktur. Sie gründet in der Bewußtwerdung und Durchsichtigwerdung des Ganzen. Einst waren es nur die Jünger Christi, die Christi Verklärung wahrzunehmen vermochten. Diese einmal im Irdischen vollzogene Diaphanierung der Welt, diese einmalige Manifestation der Kraft, des geistigen Prinzips, ist kein vergangener Vorgang. Daß Pfingsten alljährlich gefeiert wird, ist nur ein Hinweis unter vielen auf diesen Tatbestand. Vielleicht stehen wir, geschichtlich gesehen, als Menschheit in den drei Tagen der Niederfahrt zur Hölle. Ist sie mit den Ereignissen unserer ersten Jahrhunderthälfte bestanden? Wie dem auch immer sei: damals waren es nur die Jünger, die Christum in der Transparenz wahrzunehmen vermochten. Eines Tages wird es die größere Gemeinde sein. Es ist kein Zufall, daß der Sinn für die Durchsichtigkeit heute überall zum Durchbruch kommt.

Was aber hat das mit dem täglichen Leben zu tun? Entscheidendes, da, was im Großen sich vorbereitet, im Kleinen mitläufig mitvorbereitet werden muß. Dabei ist nicht die Zahl derer entscheidend, die das Neue realisieren und leben, sondern die Intensität, mit der es von den einzelnen gelebt wird.

Wer Distanz zu sich gewinnt, gewinnt zugleich Distanz zur Welt. Distanzierung schließt Toleranz ein. Jeder ist heute imstande, dies im Rahmen seiner Möglichkeiten zu leisten. Jedem sind heute die Mittel gegeben, sich selber zu durchschauen. Jeder kann sich heute über die Bedingtheiten, Befristetheiten und Begrenztheiten seines Fühlens, Denkens und Handelns Rechenschaft ablegen. Jeder kann sich heute der verschiedenen Zeitformen bewußt werden, die alle auf den Ursprung zurückverweisen: er kann in der liebenden Vereinigung die Zeitlosigkeit erleben, die ihm zudem allnächtlich jeder Tiefschlaf beschert; er kann die rhythmische, stets sich ergänzende Naturzeithaftigkeit erfahren, die ihn bis in den Pulsschlag und das Atmen hinein mit den Abläufen des Universums verbindet; er kann sich der gemessenen Zeit bedienen. Oder anders ausgedrückt: es können einem jeden alle ihn mitkonstituierenden Strukturen, das Magische, das Mythische und das Mentale, und deren jeweils besondere und stets gültige Wirksamkeiten durchsichtig werden. Das ist ein Anfang. Schon deshalb, weil der einzelne sich selber als Ganzes in seiner magischen Einheitlichkeit, in seiner mythischen Entsprechung, in seiner mentalen Vorstellung und Zielsetzung zu sehen lernt und ihren Zusammenhang und ihr Zusammenspiel durchschaut. Und nur als ganzer Mensch ist er fähig, das Ganze wahrzunehmen.

Das Leben in Fabrik und Büro, die Sinnlosigkeit der heutigen Arbeit, ihre Automatisierung, Mechanisierung, Technisierung stünden dem entgegen? Im Gegenteil. Um so deutlicher wird die Notwendigkeit, die falsche Form des Einbruches der Zeit, wie sie in Motorisierung, Jagd nach wertlosen »Gütern« und ähnlichem zum Ausdruck kommt, zu überwinden. Diese Umwelt, Fabrik und Büro, haben wir selber geschaffen, diese Formlosigkeit der Leere haben wir uns von der leeren Motorik aufzwingen lassen. Sie wird sich in dem Maße ändern, als wir fähig sind, das zu realisieren, was uns aufgetragen ist. Dies vorzubereiten, bleibt einem jeden Muße und Muß. Zwischen Lohnarbeit und Schlafzeit liegen viele tägliche Stunden. Wer sie zu nützen weiß, wird sie nützen. Aber nicht indem er sich »Bildung« anlernt, sich »Wissen« anliest, sondern indem er diese Stunden nicht nur zweckmäßig, sondern sinnvoll, Tag für Tag, zu leben versucht. Was heute »Freizeit« genannt wird, sollte nicht freizeitlich vergeudet werden, sondern uns »zeitfrei« machen.

Epochen großer Wirrnis und allgemeiner Unsicherheit in der

manifesten Welt enthalten stets die noch im Nicht-Manifesten schlummernden Keime der Klärung und Sicherheit. Die aufgezeigten Manifestationen der aperspektivischen Welt lassen erkennen, daß diese Keime bereits zur Realisation drängen. Das bedeutet, daß wir uns dem »Höhepunkt« der Wirrnis und damit auch dem notwendenden Durchbruch nähern. (Allein die letzten zehn Jahre – seit 1954 – haben die Richtigkeit dieser Feststellung erwiesen: einerseits verstärkten sich Materialismus, Rationalismus, Fortschrittstaumel, sinnlose Betriebsamkeit aus Zeitangst in rasant zunehmendem Maße; andererseits, jedoch weniger auffällig, mehrten sich die aperspektivischen Manifestationen, wofür wir da und dort auf den vorstehenden Seiten Hinweise einfügen konnten.) Die Wirrnis im Leben des einzelnen unserer Tage, seine Unerfülltheit in der Arbeit, seine Isoliertheit in der Masse, seine Ohnmacht gegenüber dem Leerlauf der anonymen Mächte, seien diese Maschinen oder Bürokratie, seine Unsicherheit und Unfreiheit sind nur Spiegel der allgemeinen Situation. Die Unhaltbarkeit dieser Situation ist genauso offensichtlich wie die Anzeichen, daß sie überwunden werden wird. Was im Großen für das Allgemeine gilt, gilt aber auch im Kleinen für den einzelnen. Die Neustrukturierung der gesamten Wirklichkeit hat bereits eingesetzt. Es wird von uns abhängen, ob der endgültige Durchbruch zu ihr, ob ihre Konsolidierung sich mit unserer Hilfe oder gegen unsere Uneinsichtigkeit vollzieht. Geschieht es mit unserer Hilfe, so wird sich eine allgemeine Katastrophe vermeiden lassen; geschieht es ohne unsere Mithilfe, dann freilich wird der gültige Vollzug der diesmaligen Mutation mit noch größeren Schmerzen und Qualen erkauft werden, als wir sie in den letzten sechzig Jahren erlitten haben. Alle Arbeit, die echte Arbeit, die wir zu leisten haben, ist jene schwerste und qualvollste an uns selber. Sie ist eine Vorausnahme jener Schmerzen und Qualen, die, nehmen wir sie nicht freiwillig voraus, uns in dem sonst notwendigen Zusammenbruch persönlichen und universellen Charakters auferlegt würden. Wer sich dem Ursprung entzieht, wer sich seinem Auftrag, der ein geistiges Ansinnen ist, entzieht, handelt gegen den Ursprung. Wer gegen ihn handelt, hat keine Gegenwart, heute so wenig wie morgen.

Jede Wirrnis, die ein jeder von uns in seinem täglichen Leben und Handeln zu klären versucht und vermag, jedes Auffangen der Angst, jedes Gran Sicherheit, das er sich erarbeitet, jede Distanzierung – selbst die geringste –, die er zu sich selber gewinnt, jedes Vorurteil und jedes Ressentiment, die abzulegen er fähig ist, sind notwendige Leistungen, welche die neue Wirklichkeit festigen und ihm und der Allgemeinheit Sinnfülle eintragen werden. Ein jeder ist frei, es zu leisten. Wer diese Freiheit verspielt, verspielt sein Leben und seinen Tod.

Aber die Abermillionen, die taub bleiben? Ihre Freuden: Macht und Besitz, werden in den Jahren, die kommen, dahinschwinden. Sei es, daß sie weiterhin einen falschen Gebrauch davon machen, wodurch sie sich diese »Güter« gegenseitig selber zerstören, sei es, daß die sich vollziehende Umstrukturierung diese vermeintlichen Werte als belanglos demaskiert. Diese Demaskierung wird viele ihrer materiellen Pseudosicherheit berauben und soziale Forderungen an sie stellen, denen sie nicht gewachsen sein werden.

Konsolidiert wird die neue Haltung allerdings nur dann sein, wenn es dem einzelnen gelingt, wenigstens hin und wieder und dann in zunehmendem Maße von seinem Ich absehen zu können. Solange wir noch ichhaft denken, solange wir noch ausschließlich ichhaft denken, teilen wir die Welt. Dem Ich wird im glücklichsten Falle das Du sichtbar, aber niemals das Ganze. Die heutige Gefahr der Ich-Isolation einerseits, des Ich-Verlustes, ja des Ich-Mordes andererseits, ist bereits aufgezeigt worden. Ich-Isolation ist Flucht vor der »Masse«, der defizienten Form der Gemeinschaft, sie führt auf die Dauer gleicherweise wie der Ich-Verlust zum Ich-Mord, denn die Flucht in die Masse hat ein Verschluckt- und Annulliert-Werden des Ich durch die Masse zur Folge. Es handelt sich also nicht mehr darum, die Ichhaftigkeit zu versteifen, noch darum, einer Ichlosigkeit zu frönen. Ichlosigkeit ist defizienter Rückfall ins Magische; bloße Ichhaftigkeit ist defizientes Verharren im Mental-Rationalen. *Nur die Überwindung des Ich, die eine Überwindung sowohl der Ichlosigkeit als auch der Ichhaftigkeit ist, stellt uns in die Ichfreiheit,* die das Achronon und das Diaphainon zu wahren vermag. *Ichfreiheit ist Freisein vom Ich, ist nicht Ich-Verlust oder -Verzicht,* ist nicht Ich-Mord, sondern Ich-Überwindung. Das Ich-Bewußtsein war das Charakteristikum der mentalen Bewußtseinsstruktur. Die Ichfreiheit ist das Charakteristikum der integralen Bewußtseinsstruktur.

Wem es im Alltag gelingt, das Ganze über sein Ich zu stellen (ein Ich, das er deshalb noch lange nicht verlieren muß), wer aus Ichfreiheit heraus zu handeln vermag, dem wird die Welt und selbst der Alltag durchsichtig. Dann rücken sich die allgemeinen Umweltgegebenheiten von selbst zurecht; sie strukturieren sich neu, da sie (sowohl die sozialen als auch die technikbedingten Systeme, die Folgen der rationalen Überbetonung sind und durch diese defiziente Akzentuierung ermöglicht wurden) der neuen Realisationsweise, die nun ihrerseits die Umwelt gestaltet, inkongruent sind. Da diese Realisationsweise beispielsweise ein bloßes Zweckdenken ausschließt (um es nur noch für einen kleinen Wirklichkeitsbereich gelten zu lassen), wird sich auch die Umwelt, und zwar in allen ihren Aspekten, die wir ja selber jeweils unserer Bewußtseinsstruktur entsprechend gestalten, wandeln. Dann wird auch der Albdruck unserer Zeit weichen: die falsche Verwendung der Maschinen, deren leere Bewegung, deren bloße Motorik, autonom zu werden droht. Es würde offensichtlich werden, daß sie und die heutige Technik eine rücknehmbare physische Projektion sind, derer wir Meister zu werden vermögen, zumal in der Technik hier und dort vierdimensionale Ansätze vorhanden sind. Fedor Stepun sagt vom Film, er entspräche dem Verlangen nach Erlösung von dreidimensionaler Schwere – heute ist er noch eine Bildverfütterungs-Maschine. Das Raum und Zeit weitgehend annullierende Radio, das zeitlich den Raum, die räumliche Entfernung verkürzende Flugzeug, die Groß-Beschleuniger (Cyclotrone und andere), die ein atomares Geschehen und Reagieren auslösen – alle diese technischen Errungenschaften können sich dann in Befreiungen wandeln, wenn uns die ihnen zugrunde liegende Zeitkomponente durchsichtig wird. Die heutige Technik ist, da sie leere Bewegung hervorbringt, nicht gemeisterte Zeit: sie ist das eindrücklichste Beispiel für das Versagen des rationalen Menschen hinsichtlich der ihm gestellten Aufgabe: das Zeitproblem zu lösen. Statt die Zeit zu intensivieren, hat er, rational denkend, die Zeit im Bewegungs-Taumel quantifiziert. Die große Korrektur dieses Fehlversuches, der am stärksten in unser alltägliches Leben einschneidet, wird erfolgen, wenn sich das Bewußtsein von den Grundlagen und dem echten Ansinnen der Technik Bahn bricht. Es wird auch die Technik in dem gleichen Maße umstrukturieren, wie es unsere gesamte Wirklichkeit umzustrukturieren im Begriffe steht. In den geglücktesten Realisationen wird dann der Alltag ein All-Tag sein.

6. Vom spielenden Gelingen

Es war im letzten Herbst und in Sens. Sens liegt im Niederburgund, gute hundert Kilometer südöstlich von Paris. Es ist eine kleine Stadt mit einer berühmten Kathedrale, welche einen der reichsten Domschätze Frankreichs birgt. In jenem Domschatz habe ich etwas gesehen, das mich sehr beeindruckt hat. Es waren zwei Tapisserien. Sie waren zwar nicht ein Viertel so groß wie jene der »Dame à la Licorne« im Musée Cluny von Paris; auch sujetmäßig waren sie von geringerer Bedeutung als jene; aber die Ausführung war unvergleichlich viel schöner, duftiger und nuancierter. Doch dies wäre wohl kaum ausreichend Anlaß dafür gewesen, daß sie mich so nachhaltig beeindruckt haben, wie es der Fall gewesen ist. Es waren ihre Bordüren. Auf deren grünem Grund waren in goldener Schrift ein oftmals wiederholtes Monogramm »CB« und eine kurze, zwischen die Monogramme eingefügte Devise eingewoben. Der Wächter, den ich um Auskunft bat, sagte mir, daß es sich um die allseits anerkannt schönsten Tapisserien Frankreichs handle. Sie waren im fünfzehnten Jahrhundert dem damaligen Erzbischof von Lyon, Charles de Bourbon, geschenkt worden. Die eingewobene Devise war die Devise jenes Kirchenfürsten. Sie war es, die mich beeindruckt hat, wobei die knappe, altfranzösische Fassung ihre Aussagekraft noch steigerte. Dort stand sie in einer bandförmigen Zeile und in klarer Schrift: »N'espoir ne peur« – also: »Weder Hoffnung noch Furcht (beziehungsweise Angst)«.

Zwar weiß ich nicht, was Sie dazu sagen oder wie Sie sie finden mögen. Aber ich weiß, daß die souveräne Gleichmütigkeit und die herzensstarke Demut, die aus ihr sprechen, – daß diese Haltung und dieses Gehaltensein eine der Voraussetzungen für das spielende Gelingen sind. Damit ist bereits gesagt, daß es mit dem Spielerischen nichts zu tun hat, es sei denn, man betrachte das Spielerische berechtigterweise als dessen negativen Pol. Davon wird nachher noch zu sprechen sein.

Manche mögen meinen, es sei belanglos, ja sogar unnötig, daß das, was sie zu tun haben, ihnen spielend gelänge, denn es genüge vollauf, daß sie erreichten, was zu erreichen sie sich vornahmen. Ich bin anderer Ansicht. Um sie an einem extremen Beispiel zu erläutern: Bloße zielstrebige Absicht kann gewiß ein Ziel erlangen, kann es erzwingen. Aber nichts, das wir erzwangen, hat Bestand. Das Maß an Zwang, das wir aufwandten, fällt eines Tages auf uns selber zurück und vernichtet das Erreichte. Denn jeder Zwang stört die Ordnung der Dinge, die uns umgeben, stört die Beziehungen, die uns mit ihnen und den Mitmenschen verbinden. Die unverläßlichen Stützen erzwungenen Gelingens sind Rücksichtslosigkeit und Ichverhärtung, die bis zur Ichübersteigerung ausarten kann. Das spielende Gelingen dagegen erwächst aus Rücksichtnahme und Ichüberwindung. Das Erzwingen vergißt infolge seines blinden Eifers nach vorwärts all dessen, was es unaufgearbeitet in der Vergangenheit hinter sich liegen läßt; aber gerade dies, was unbeachtet im Rücken liegt und sich der Sicht entzieht (sich aber der Umsicht nicht zu entziehen brauchte), wird die derart Erfolgreichen in dem Augenblick von rückwärts überfallen, da sie ihr Ziel erreichten und somit kein Vorwärts mehr hatten: dann holt sie im erzwungen Gelungenen gewissermaßen die eigene Negativität ein, so daß ihr stürmischer Erfolg oder Sieg als Davonlaufen sichtbar wird.

An diesem Beispiel wird übrigens auch deutlich, inwienah die Devise »n'espoir ne peur« (im heutigen Französisch würde sie konzentrierter »Ni espoir, ni peur« lauten) etwas mit dem spielenden Gelingen zu tun hat. Sehen wir ganz davon ab, daß sie eine menschliche Grundeinstellung zum Ausdruck bringt, die fundamental christlich und zugleich in Asien beheimatet ist (dieser doppelte Gültigkeitsbereich war es auch, der mich, als ich sie las, so nachhaltig beeindruckte), so bleibt ein Wesensmerkmal bestehen: »Keine Hoffnung», das besagt: kein vorgesetztes, vorgenommenes Ziel – weil der Betreffende das Ziel im eigensten Wesen, also zutiefst in sich selber weiß und trägt; »keine Angst», das heißt Vertrauen, also Angstlosigkeit, die nur dem eignet, der in Übereinstimmung, im Eingeordnetsein, im Einklang mit den tieferen Zusammenhängen lebt, so daß er irgendeinem erhofften Ziele gar nicht nachzulaufen braucht, so daß er nicht erzwingen muß, was substanzmäßig in ihm selber ist: die erwachte Teilhabe an dem, was mehr ist als sein bloßes Ich. Doch dieses Eingeordnetsein nicht etwa zu erlangen, sondern zu verwirklichen, da es ja eine Grundgegebenheit und kein äußerlich zu erreichendes Ziel ist, bedarf vieler Mühe. Dies scheint ein Widerspruch, denn ein Merkmal des spielenden Gelingens ist Mühelosigkeit. Aber diese Mühelosigkeit gewinnt man nur durch sehr v iel Mühe und Arbeit. Denken Sie an die Läufe in den Klavierkonzerten Mozarts. Es erfordert unabläßlich übender Mühe, damit sich die Läufe aus bloßen Tonleitern in perlende, schwingende Melodie verwandeln, bis sie also wahrhaft spielend gelingen.

Sie werden sagen, das seien alles Überlegungen, die möglicherweise einer freundlichen Erwägung wert wären; die aber, um wirksam werden zu können, ins Leben zurückübersetzt werden müßten. Und Sie haben, wenn Sie so urteilen, leider recht. Die meisten von uns, die wir schreiben, zapfen der Wirklichkeit eigensprössige Quintessenzen ab und bieten sie dem Leser in dieser kondensierten Form an, ohne die erfahrungsmäßigen, ja alltäglichen und konkreten Ausgangspunkte zu erwähnen. Der Weg hin, zu der Quintessenz, ist leicht. Schwer ist es, von ihr auf das alltägliche Gebaren und Erfahren zurückzuschließen. Die allgemeine Intellektualisierung hat diese Form der abstrakten Mitteilung, wie sie heute gang und gäbe ist, erleichtert, hat sie in den Stand einer anzustrebenden und erreichbaren Objektivierung erhoben: eine weitgehend falsche Einstellung gelehrtenhafter Art, sich über die Grundgegebenheiten des alltäglichen Lebens zu stellen, in deren Meisterung die Bewährung des einzelnen liegt.

Wir kommen dem Konkreten bereits näher, wenn wir sagen: Verzicht auf Hoffnung ist gleichbedeutend mit der Akzeptierung des Lebens, wie es von Stunde zu Stunde ist. Verzicht auf Hoffnung ist also volle Annahme des Alltags. Was in ihm verbessernswert ist, das kann sich nur über die saubere Erfüllung, über die geglückte Meisterung der sogenannt kleinen Aufgaben des Alltags vollziehen. Von dort wirkt es aus dem Kleinsten ins sogenannt Große weiter. Die Voraussetzung dafür ist freilich, daß nicht nur das Alltägliche gemeistert werde, sondern auch, wovon nie gesprochen wird, das Allnächtliche. Der falsch gelebte Tag bringt die falsch gelebte Nacht. Was uns nicht spielend, sondern auf die falsche Weise gelang, macht uns krank. Der fieberhaften Zielverfolgung, an welcher der Tag krankt, folgt die Schlaflosigkeit der kranken Nacht. Und die schlechte Nacht bringt den schlechten Tag. Solche Nächte sind ein Teil der ruhelosen Dunkelheit im Rücken jener, die blind und rücksichtslos auf ein Ziel hin vorwärtseilen. Sie hetzen durchs Leben, ameisenmäßig betriebsam oder kalt berechnend den eigenen Vorteil wahrend, durch welchen sie ihren Wünschen, Hoffnungen oder Zielen näherkommen wollen. Daß hinter diesem Gebaren die Angst lauert, die dem Mangel an innerstem Vertrauen entspringt, wissen sie nicht; genausowenig wissen ja diejenigen, die allnächtlich den Schlaf nicht finden können, daß ihre Schlaflosigkeit angstgeboren ist: sie ist, wie die Sucht nach Erfolg, Todesangst. Schlaflosigkeit, die dann den Schlaf zu erzwingen sucht, ist Mangel an Vertrauen darauf, daß, schloß man erst einmal die Augen, man morgens wieder erwachen könnte. Und Erfolgssucht ist gleichermaßen Flucht vor dem Tode, wobei man hofft, den Tod mit dem erzwungenen Resultat übertölpeln zu können.

Wenn hier von der Notwendigkeit gesprochen wird, daß uns spielend gelingen sollte, was wir selbst im Alltäglichsten zu tun haben, so geschieht es, weil dieser Hinweis zweckfrei ist, uns aber an alle die Verschüttungen erinnern kann, von denen unser innerstes Wesen überlagert worden ist, seitdem wir zwar die Ichfindung geleistet haben, aber die Ichfreiheit, nämlich die Selbstbefreiung aus dem Ich, nicht zu vollziehen vermochten. Und wenn hier von der hinderlichen Sucht gesprochen wird, so geschieht es, um darauf hinzuweisen, daß es nicht so sehr auf das Suchen ankomme, sondern auf das spielende Gelingen, das Finden. Jede Sucht sucht. Die Zeiten der Troubadours, das heißt (wörtlich übersetzt) die Zeiten der »Finder«, scheinen vorüber zu sein.

In diesem Zusammenhang ist noch ein weiterer Hinweis nötig. Er betrifft die spielerische Form der Lebensmeisterung. Sie hat Gemeinsamkeiten mit der erzwingenden Form, die statt Einfühlung die aggressive Frontalhaltung zur Welt bevorzugt und damit die Welt ausschließlich als Gegenüber nimmt, obwohl die wirkliche Welt eine Welt ohne Gegenüber ist.

Die spielerische Form und ihre zerstörende Wirkung läßt sich am Hasardeur und am Don Juan am deutlichsten aufweisen. Der Hasardeur will « spielend « gewinnen, das aber heißt für ihn: mühe- und verantwortungslos ans Ziel gelangen. Er ist dem Spiel verfallen, ist süchtig und angstgetrieben, hofft auf die große Chance, die das

Schicksal ihm zuspielen soll: er betrügt sich, da er vom Schicksal erwartet, was zu leisten er selber nicht fähig ist.

Auch im Don Juan ist es die Sucht, die ihn treibt, und es ist seine Unfähigkeit zu lieben. Die sinnlos gehäuften flüchtigen Begegnungen dienen ja nur dazu, die Liebeswirklichkeit zu verneinen. Hinter der Tatsache, daß ihm die Verführung immer wieder, gleichsam »spielend« gelingt, verbirgt sich angstgeborene Selbstzerstörung. Die Folgen des erzwungenen Gelingens, die bereits erwähnt wurden, werden hier überdeutlich: die Handlungen nehmen zwanghaften Wiederholungscharakter an, werden damit sinnlos und enden in der Zerstörung.

Beide, der Hasardeur und Don Juan, sind die Negation des spielenden Gelingens: sie betrügen sich um die Arbeit an sich selber, sind die verführten Verführer: sie sind weder im Einklang mit sich selber noch mit der Welt. Aber nur demjenigen, der durch hartnäckige Arbeit dahin reift, daß er im Einklang steht mit dem, was er tut, der also nichts vergewaltigt noch erzwingt, der sich von dem verfälschenden Verstricktsein im eigenen Ich befreite, dem fallen die Dinge und Geschehnisse zu, weil er von ihnen weder getrennt noch mit ihnen verschmolzen ist; denn er hat die Ich-Welt-Spannung aufgehoben und überwunden, er hat den Subjekt-Objekt-Gegensatz, das Gegenübersein, in das Miteinander verwandelt. Gut ist es, wenn einem dies schon im Leben spielend gelingt, wenn es nicht erst vom Tode erzwungen werden muß.

7. Letztlich ist alles einfach

Freilich: das zu sagen scheint unsinnig. Da wir in einem Käfig sitzen, den wir selber konstruierten, und da, was geschieht, uns, den Eingesperrten und Abgeschnittenen, sehr kompliziert vorkommt, opfern wir unsere geringen Kräfte illusorischen Dingen, die letztlich ausweglos sind. Jedenfalls ist das die heutige Situation.

Dieses Buch beschäftigt sich nur indirekt mit dem Einfachen. Aber es schließt mit ihm. Nicht, daß es darauf zuginge. Zum Immerwährenden führt kein Weg. Manchmal erschließt es sich, daß Ursprung und Gegenwart einfach und unwiderruflich weder Zweiheit noch Folgezustände sind, sondern das Gleiche, sondern das Ganze.

All das aber scheint bedroht. Und es ist es. Bedroht durch unser kompliziertes Käfigdenken, durch unsere Käfigsicherheit, in der sich, wie wir meinen, gar gigantische Dinge ereignen und darstellen, die dazu noch – welch großartige Lebewesen sind wir doch! – von uns, ausschließlich von uns, erschaffen worden sind. Die innere Sicherheit haben wir verloren, die Käfigsicherheit gewonnen.

Die Mehrzahl denkt heute so. Das ist der Verfall. Auch wenn man glaubt, es wäre unaufhaltsamer Aufstieg. Solche Diskrepanzen gehören dazu, zum vollständigeren, unverlogenen Bilde.

Das Einfache ist in uns. Es ist Teilhabe. Teilhabe am uns Unbekannten, aber Evidenten. Ein winziger Same in uns, der alle Transparenz enthält: die durchleuchtete Welt, die durchstrahlteste und allernüchternste Seligkeit. Ein so überaus Umfassend-Ganzes, daß weder unser kluges, übergescheites Käfigdenken noch unser beklagenswert-klagendes und dürftig-starkes Sehnen – wieviel Armut macht es sichtbar! – es auch nur zu erahnen vermögen. Und trotzdem ist es in uns.

Wir können uns seiner bewußt werden, denn es ist uns ja nahe genug, können klärend das Gitterwerk des Käfigs als Illusion beiseite schieben. Nichts als der Beharrungstrieb hindert uns an der Aufhebung der gitterigen Zwangsvorstellungen. Der winzige Same Teilhabe befähigt uns dazu, ihn zu überwinden.

Jedoch: das Einfache ist, da es uns das Nächste ist, zugleich das

Äußerste. Deshalb beginnen wir auf den folgenden Seiten mit dem Zwei-, Drei- und Vielfachen. Sie werden bereits nicht mehr als solches erkannt. Daher die zunehmende Wirrnis im Käfig. Lassen wir es transparent werden, so wird das Einfache infolge der aufstrahlenden Teilhabe Wirklichkeit. Sie ist das Immerwährende. Das Unerreichbare, das ganz Nähe ist. Und es ist immer gegenwärtig. Um seiner ansichtig zu werden, müssen die Bilder und Vorstellungen des Käfigdaseins beiseite geschoben werden – all das aufgehäufte Gerümpel, das die Menschheit mit seinen Protuberanzen verwirrend zu ersticken droht, mit anderen Worten: das Übermaß an psychotischen und mental-rationalen Prozessen. Unwissende revoltieren dagegen zu Recht, leider mit falschen Mitteln: Terror, Anarchismus, Gewalt – Auswüchse, die noch das Merkmal des Gitterlebens tragen, von dem sie sich befreien wollen. Dafür aber müßten sie wissen, wofür, wohin und warum.

Vielleicht können diese Seiten den Hellhörigen etwas klären. Deshalb legen wir in den ersten Abschnitten den Akzent auf das Unterscheiden.

Die lange unterdrückte Erinnerung an den winzigen Samen Teilhabe zu wecken: es wäre des Versuches einiger Seiten wert. Schösse auch nur die fernste Ahnung von dieser umfassenden Wirklichkeit und schon immer gegenwärtigen Zukunft dank ihrer in uns hinein – die über diesen Seiten verbrachten zwei Stunden wären Gewinn der Teilhabe. (Vorwort zu: Verfall und Teilhabe. Zum besseren Verständnis vgl. den entsprechenden bibliographischen Hinweis. Anm. des Hrsg.)

8. Gedichte

Milicroques *

Falter, der hin zum Zenith
über das Meer hinschwingt,
Blume, die aus dem Granit
der Mauer entspringt:
beide sind sie aufs Mal
zart und ein starker Gesang:

Kelch, der leuchtend und rein
sich gleich dem Himmel bewegt,
Flügel, der ganz allein
ganz eine Sonne trägt:
Welche Wandlung an Schicksal,
welch lauterer Übergang:

Blume,
die in Flug übergeht,
Flug,
der als Sonne verweht.

* »Milicroque« ist der regionale Name einer zartblauen Blume, die an den Mauern von Santiago de Compostela blüht.

Die Bahnen

Wo werden, wenn die Nacht fällt, unsre Schritte
die langsam vorwärtsgehn, sich ihrer inne werden?
Wir alle suchen, so verloren an das Leben,
die Wege, die uns suchen werden.

Vom Tode stets begleitet, – (wir starben
so viele Male schon in unsrem Leben) –
schläft jetzt der Tod in meiner Hand:
ein klares Blühn und doch der Flucht ergeben.

Verloren an den Tod begegnen wir
den Wegen, die sich an uns wenden,
und die uns, so wie Bahnen ihre Sterne, finden,
gleich Sternen, welche ihre Bahn in uns vollenden.

Alles Blühen

Alles Blühen
meint schon den Tod.
Nur die sich mühen,
sind wirklich bedroht.

Still fühlt der Baum
den zitternden Wind.
Wir denken kaum,
was wir eigentlich sind.

Blume denkt Blume,
und Tier denkt Tier.
Des Ackers Krume
ist gewisser als wir.

Es will vieles werden

Wir gehen immer verloren,
wenn uns das Denken befällt,
und werden wiedergeboren,
wenn wir uns ahnend der Welt

anvertrauen, und treiben
wie die Wolken im hellen Wind,
denn alle Grenzen, die bleiben,
sind ferner als Himmel sind.

Und es will vieles werden,
aber wir greifen es kaum.
Wie lange sind wir der Erden
Ängstliche noch im Traum,

Fragwürdige noch wie lange,
da alles sich schon besinnt,
da das, was einstens so bange,
schon klarer vorüberrinnt?

Daß uns ein Sanftes geschähe,
wenn uns der Himmel berührt,
wenn seine atmende Nähe
uns ganz zum Hiersein verführt.

Wo wohl wohnen wir,
wo ist uns Heimat?
Auch im Drüben; und Hier,
irgend an einer Statt

des Himmels, der Erde:
das ist Vorübergang,
nicht ohne Beschwerde
und voller Abendklang.

Wirkliches Wohnen ist nur
im Herzen derer, die lieben;
dort ist die goldene Spur
heimatlich unvertrieben.

Aus dem Wintergedicht

Doch sieh des Wissens Armut auch:
Um etwas Unsagbares auszusagen,
nehmen wir doch das Gleichnis aus den Reichen,
die eben dieses Unsagbare kaum enthalten:

Die Sprache nähert höchstens an,
vielschichtig, doppeldeutig ist das Wort:

Im Laut Gefühl,
im Namen Bild,
im Tische Ding
und im Begriffe endlicher Verstand.

Was aber ruht dahinter?

Vergiß die zauberhafte Schmiegsamkeit,
all dieses Blühen, das in
Rose,
Amsel,
Abend
ist.

Wirf keinem deiner Wörter
Erinnerungen zu, die es verfärben.
Mit jedem Namen schon,
den wir den Dingen geben,
nehmen wir ihnen einen Teil der Wirklichkeit.
Und jeder Name, jedes Wort
ist unauslotbar.

Aber zur guten Stunde
wird in der Sprache es Entsprechung
des Gemeinten,
das sich aussagt:

nicht in des Wortes dunkler Herkunft
hellt sich das Wissen auf,
aber in seinem Umkreis:
im Flirren,
das noch ob jeden Wortes Umschein schwingt,
wird wahrnehmbar,
was dieses überwache Wissen weiß.

In ihm
steht über Brunnen, Flüssen und Gestirnen
dem Dichter der Versuch
des ganzen Inhalts angesichtig an
und ist
entsprechend
ein redliches lautloses Nicht-mehr-Sprechen.

So lautlos ist der Winter,
die weiße Zeit.
Behutsam
sei dir das Gleichnis milde,
das aus dem unsichtbaren Bilde
doch Zuflucht zu dir nahm.
Und birg das Angesicht.
Verschweige das Gedicht.
Der Engel kam.
Und auch das fernere Gefilde.

(Geschrieben am Nachmittag des 14. November 1944)

Fragment

Ganz klar und heiter
ist der innere Himmel und
weiter als er, um vieles weiter
der Aufstieg zum Grund.

Ungesäumt freilich
und überaus wissend –

kein Atem verhält sich im Hier …

Bibliographische Hinweise

Alle ausgewählten Texte finden sich in der Gesamtausgabe der Werke von Jean Gebser, Novalis Verlag 1986, und können dort zu vertiefterem Verständnis im entsprechenden Kontext studiert werden.

Erster Teil

1. Menschenbild und Lebensgestaltung; Gesamtausgabe Bd. VI, S. 360ff.; Vortrag gehalten am 6.10.1965 bei den Hochschulwochen für staatswissenschaftliche Fortbildung in Bad-Sooden-Allendorf
2. Die drei europäischen Welten; Gesamtausgabe Bd. II, S. 35ff.; aus: Ursprung und Gegenwart, Bd. 1, 1949
3. Europa und Asien; Gesamtausgabe Bd. VI, S. 123ff.; aus: Asien lächelt anders, (Titel des ausgewählten Textes vom Herausgeber)

Zweiter Teil

1. Einbruch der Zeit; Gesamtausgabe Bd. III, S. 379ff.; aus: Ursprung und Gegenwart, Bd. 2, 1953
2. Das Beispiel der Psychologie; Gesamtausgabe Bd. III, S. 527ff.; aus: Ursprung und Gegenwart, Bd. 2, 1953 (Titel des ausgewählten Textes vom Herausgeber)
3. Zeit zählt in Asien nicht; Gesamtausgabe Bd. VI, S. 24ff.; aus: Asien lächelt anders, 1968
4. Evolution als Nachvollzug; Gesamtausgabe Bd. V/II, S. 76ff.; aus: Der unsichtbare Ursprung, 1970 (Titel des ausgewählten Textes vom Herausgeber)
5. Das tägliche Leben; Gesamtausgabe Bd. III, S. 672ff.; aus: Ursprung und Gegenwart, Bd. 2, 1953
6. Vom spielenden Gelingen; Gesamtausgabe Bd. VI, S. 396ff.; Beitrag in dem Sammelband »Jeder Tag ein guter Tag«, O. W. Barth Verlag, 1961
7. Letztlich ist alles einfach; Gesamtausgabe Bd. V/II, S 11f.; Vorwort zu: Verfall und Teilhabe, Otto Müller Verlag, 1974. Diesen

Text schrieb Gebser am 26 April 1973 als letzten Text kurz vor seinem Tod (14. Mai 1973).

8. Gedichte; Gesamtausgabe Bd. VII, S. 27, 29, 73, 79, 98, 109, 137ff. (Vom Wintergedicht wurde nur die letzte Strophe ausgewählt.)

In den Kapiteln: Die drei europäischen Welten, Der Einbruch der Zeit, Das Beispiel der Psychologie, Evolution als Nachvollzug wurde die Fülle der Anmerkungen auf ein für diese Auswahl sinnvolles Maß beschränkt.

Jean Gebser Gesamtausgabe im Novalis Verlag

Band 1: Rilke und Spanien. Lorca oder das Reich der Mütter. Der grammatische Spiegel. Abendländische Wandlung. 352 Seiten, 13 Zeichnungen von F. Garcia Lorca.

Band 2: Ursprung und Gegenwart. Erster Teil: Die Fundamente der aperspektivischen Welt. Beitrag zu einer Geschichte der Bewußtwerdung. 366 Seiten.

Band 3: Ursprung und Gegenwart. Zweiter Teil: Die Manifestation der aperspektivischen Welt. Versuch einer Konkretion des Geistigen. 326 Seiten

Band 4: Ursprung und Gegenwart. Kommentarband. 274 Seiten.

Band 5/1: Vorlesungen und Reden zu Ursprung und Gegenwart. 310 Seiten.

Band 5/2: Vorlesungen und Reden zu Ursprung und Gegenwart. 192 Seiten.

Band 6: Asien lächelt anders. 414 Seiten.

Band 7: Gedichte. Ein Merk- und Spiegelbuch des Hintergrundes. 444 Seiten., 8 Bildseiten.

Band 8: Gesamtregister. Namenregister und Sachregister. 60 Seiten, broschiert.

Die Bände der Gesamtausgabe sind in Leinen gebunden und einzeln erhältlich; die Kassettenausgabe kann nur geschlossen bezogen werden.

4.–

K

n

N

w

N

3/18